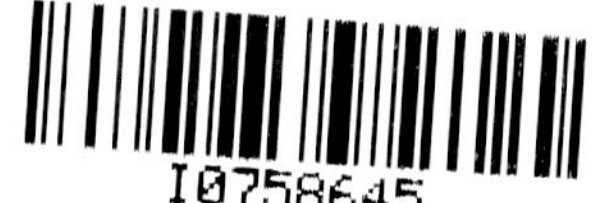

This Book
Belongs to

____

____

____

____

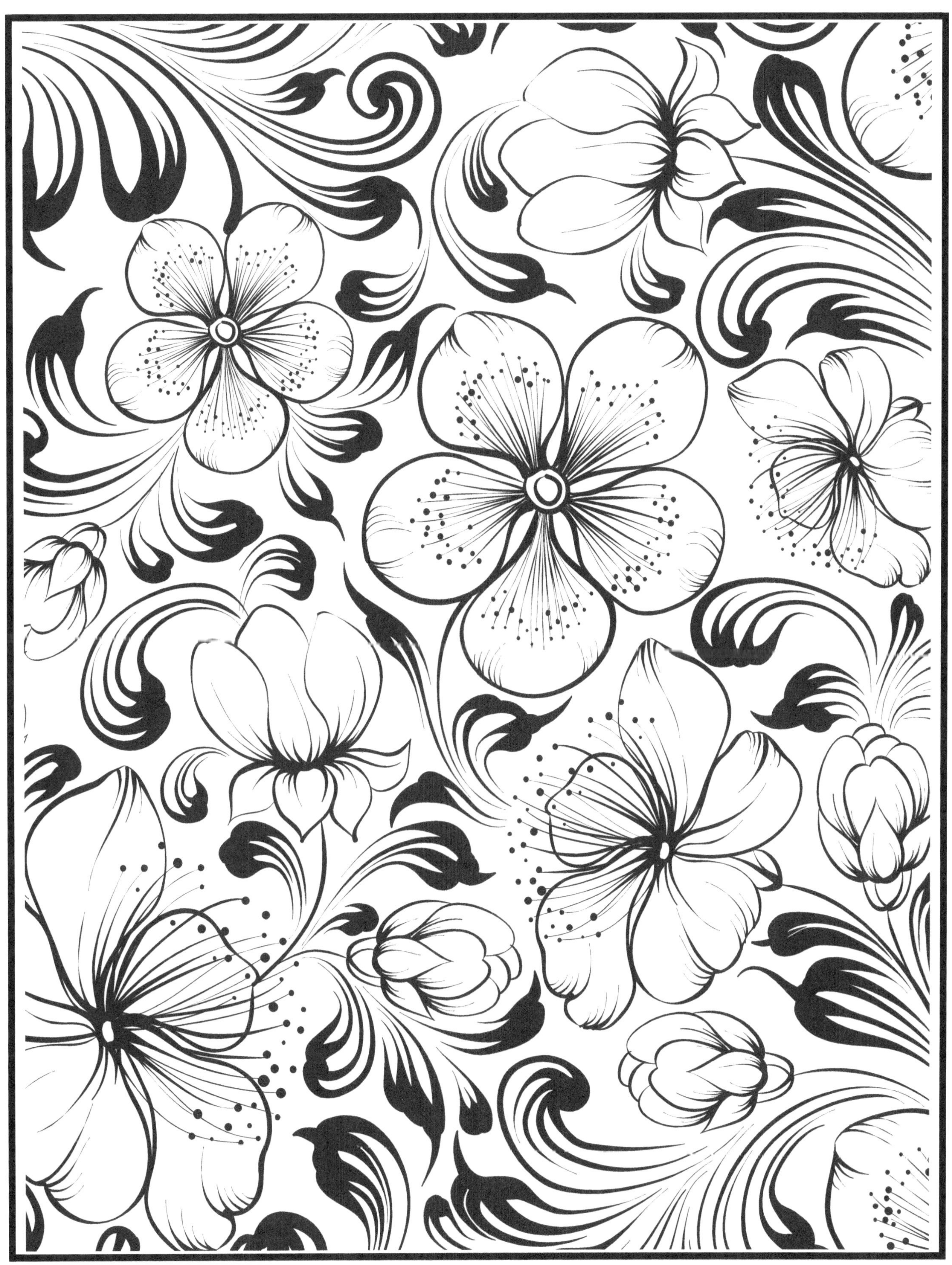

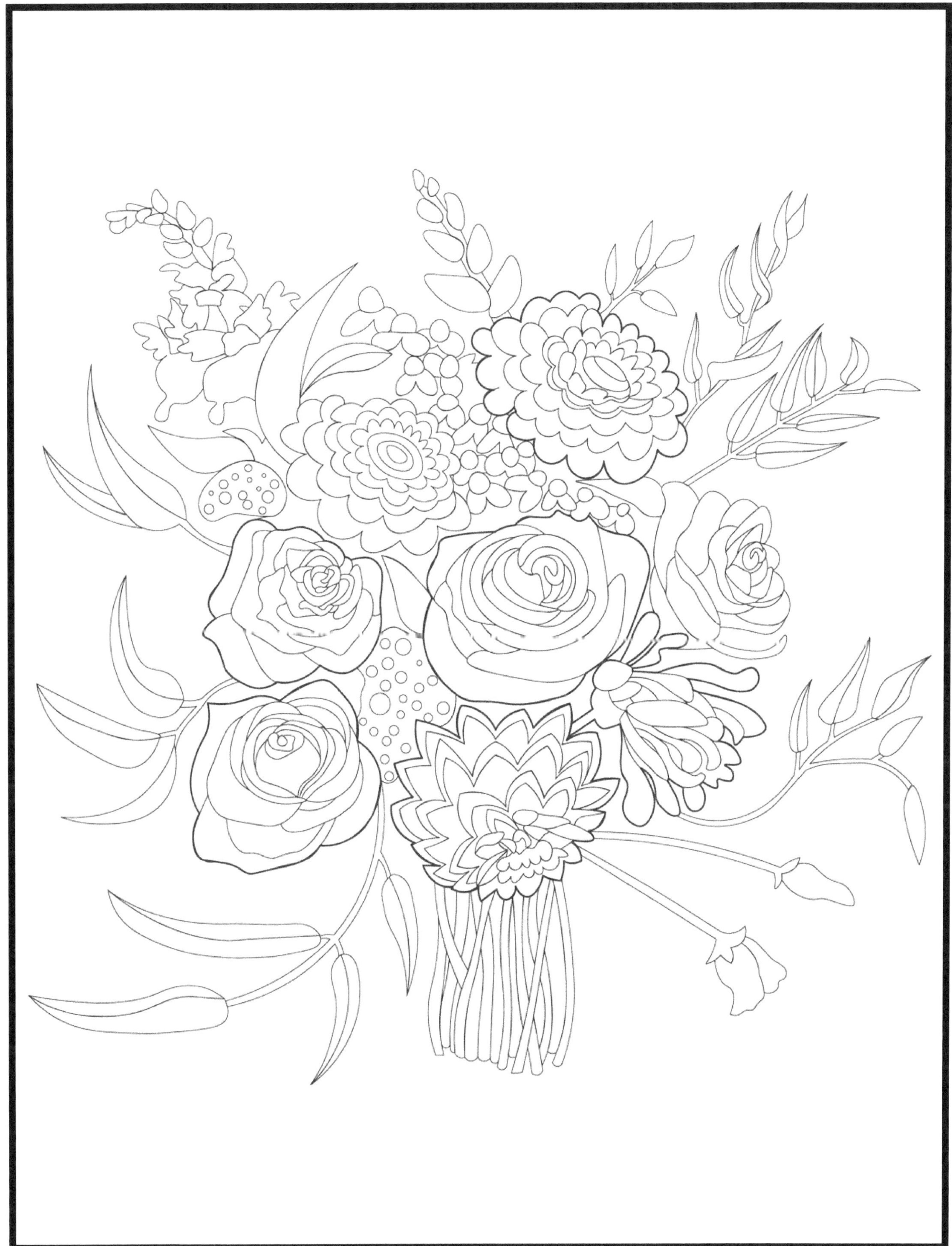

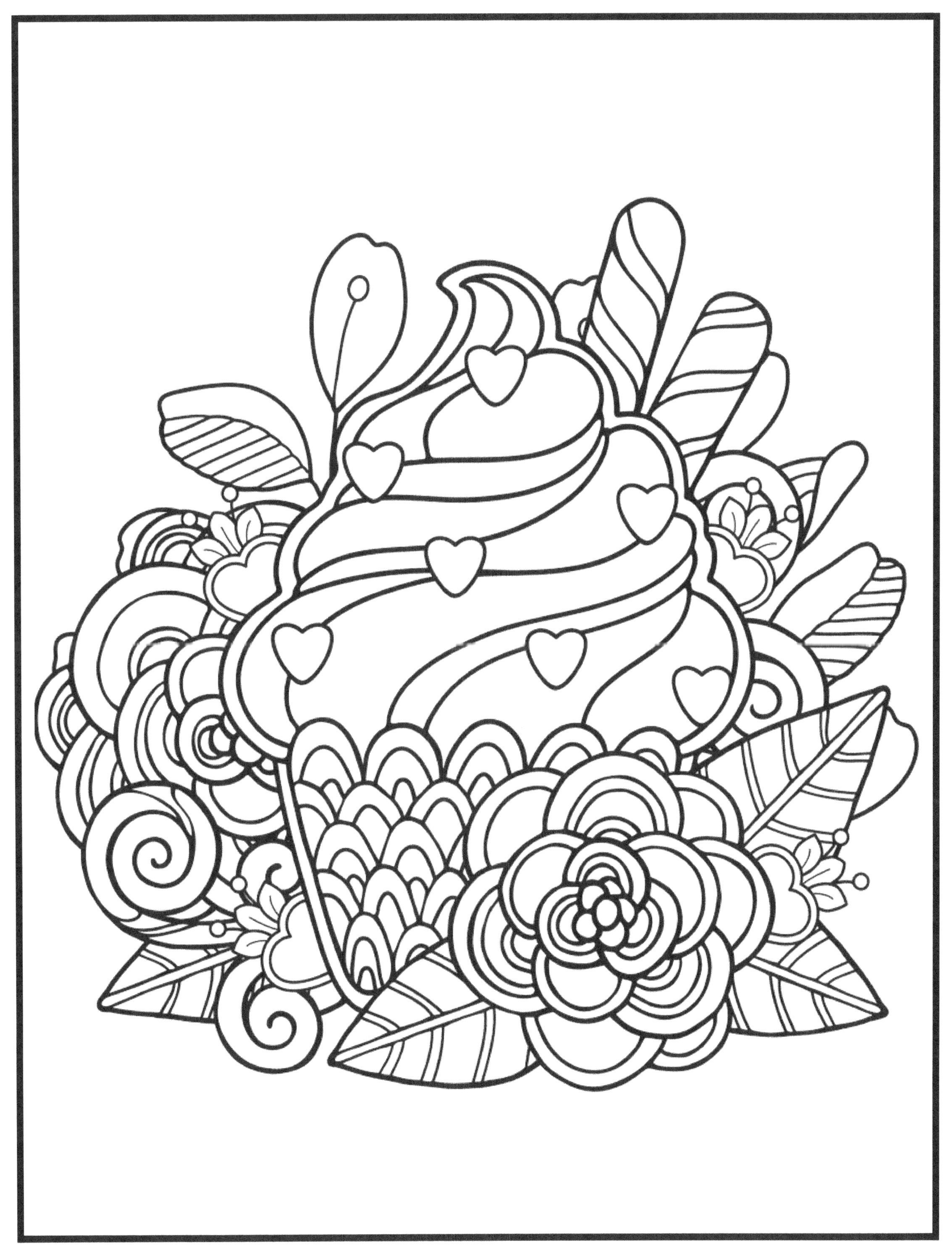

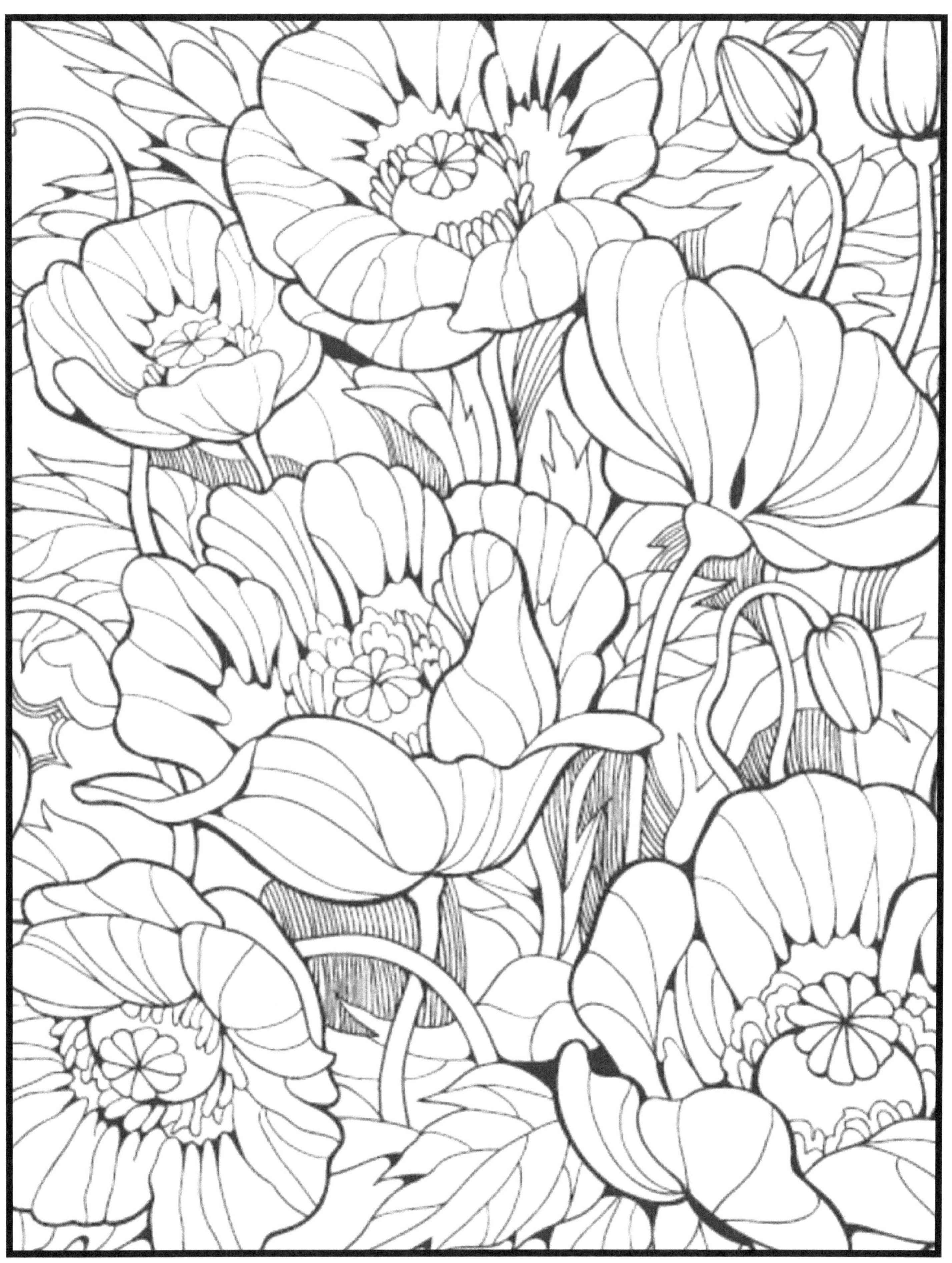

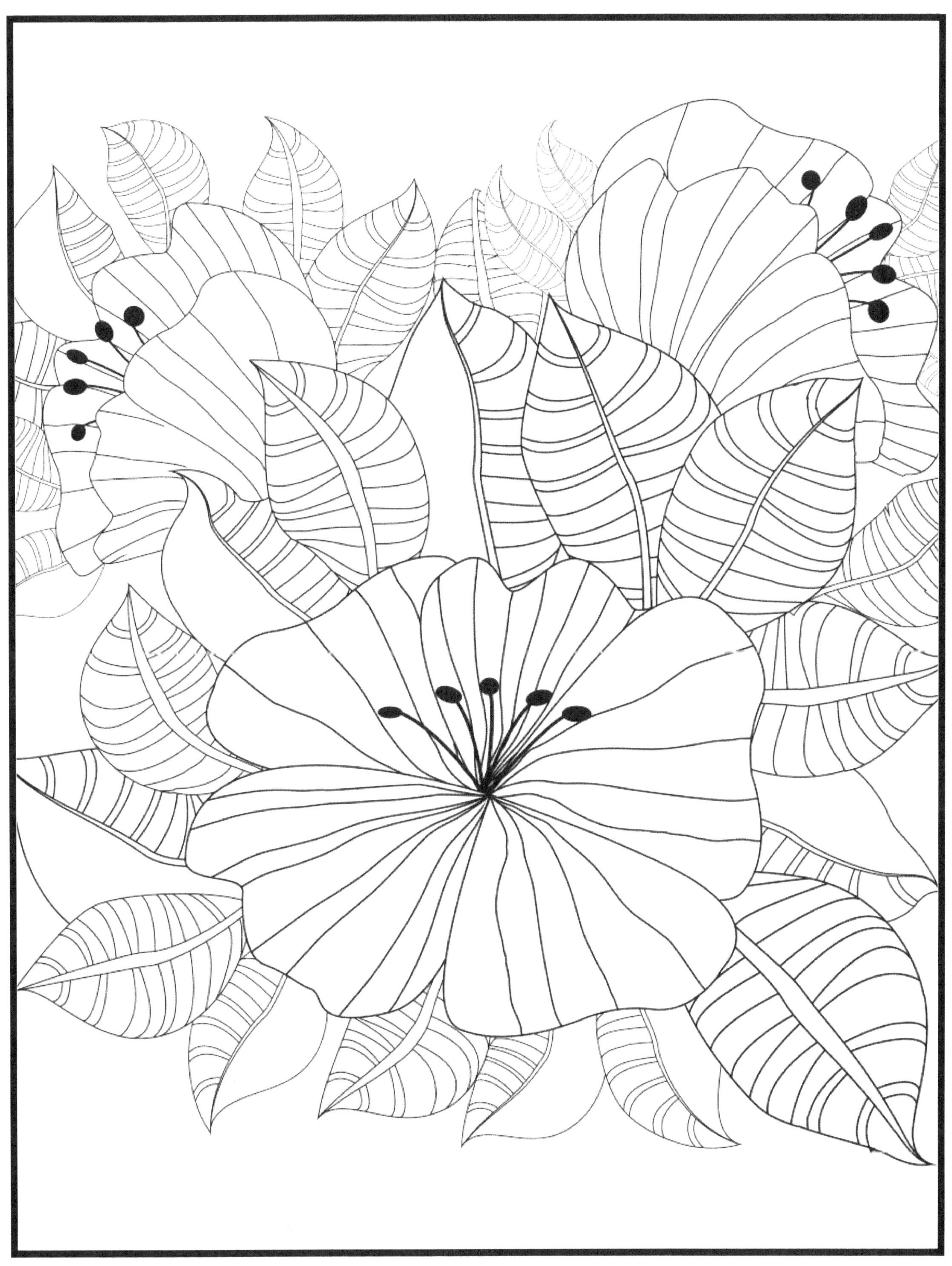

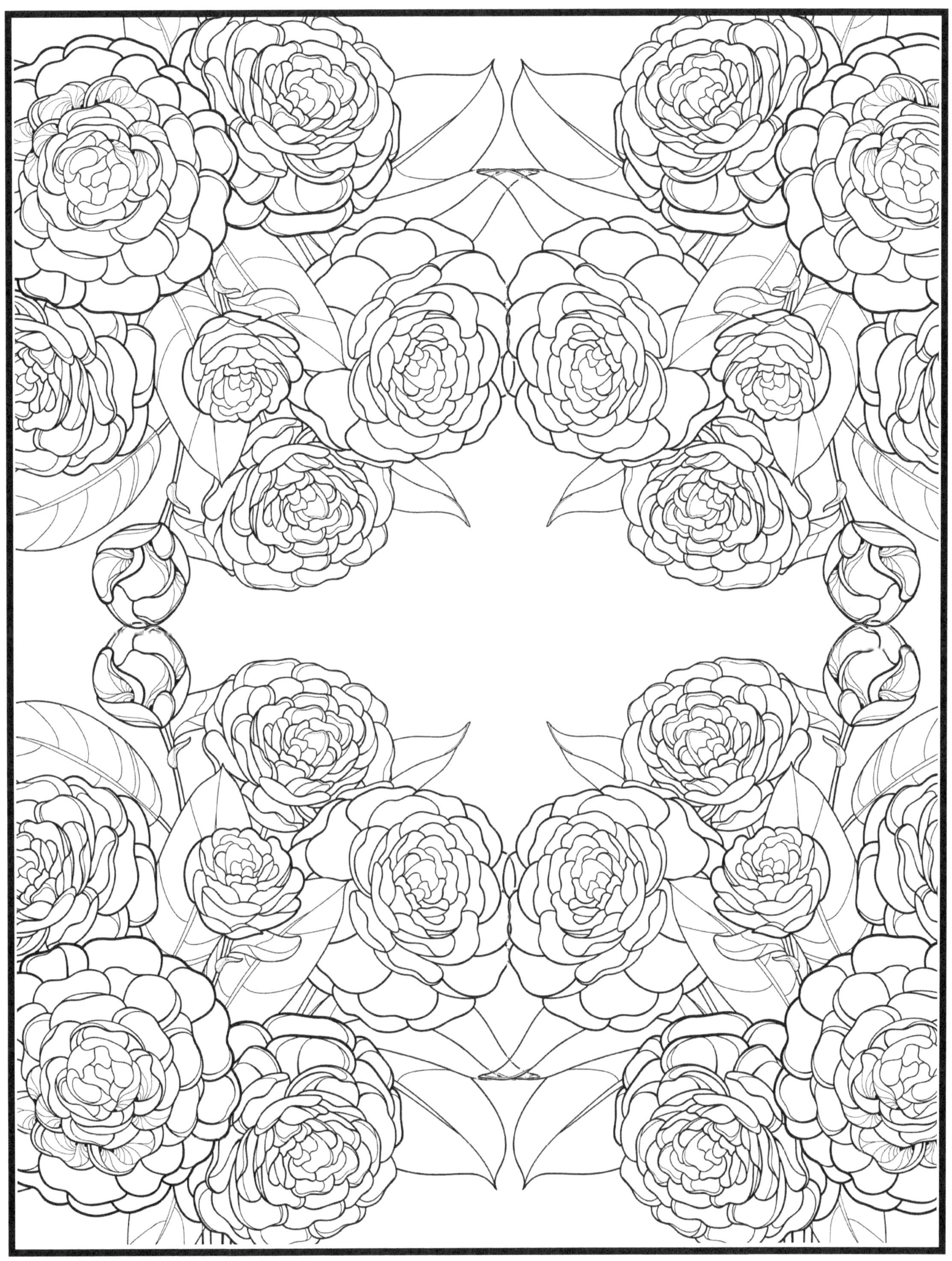

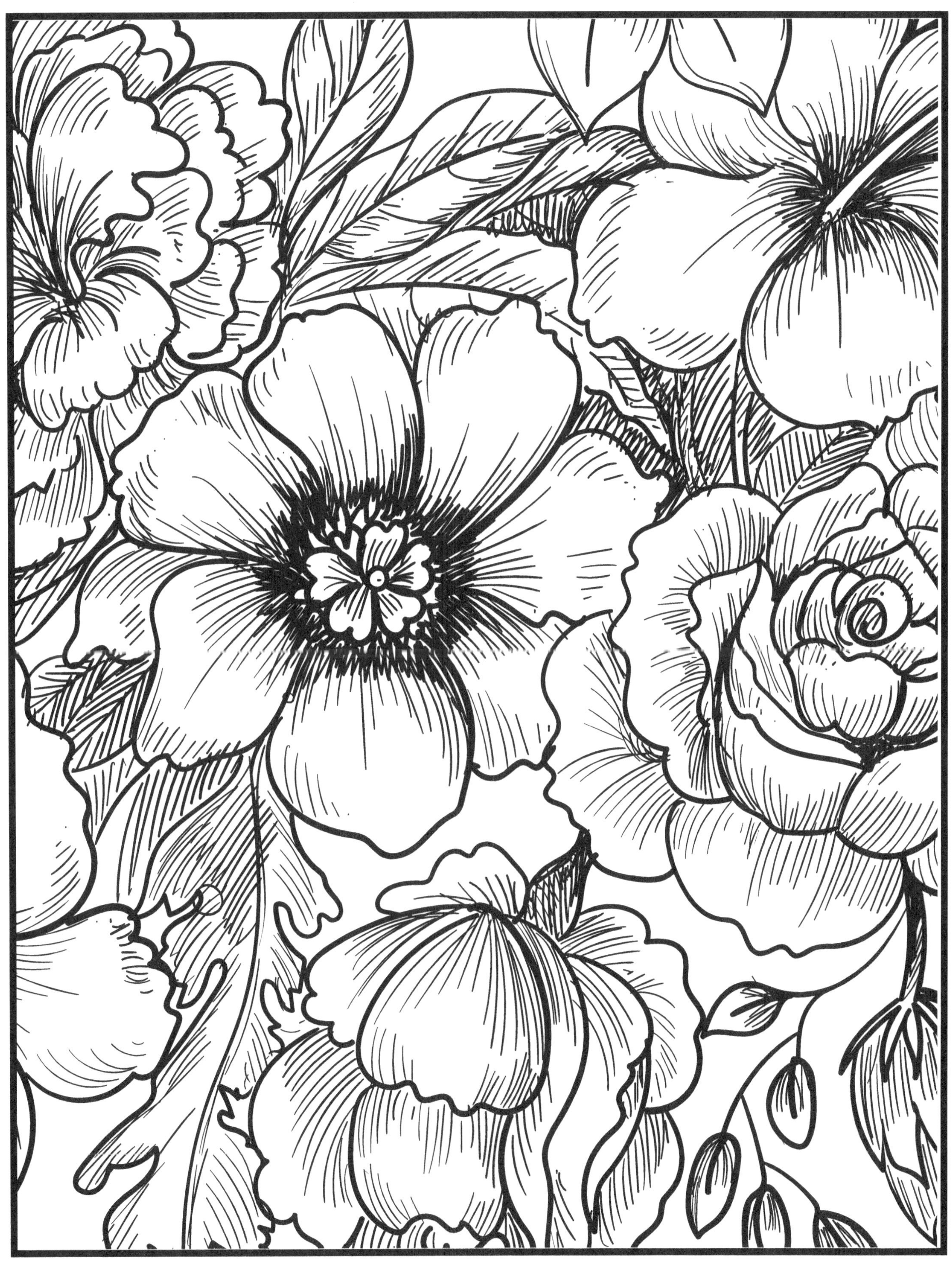

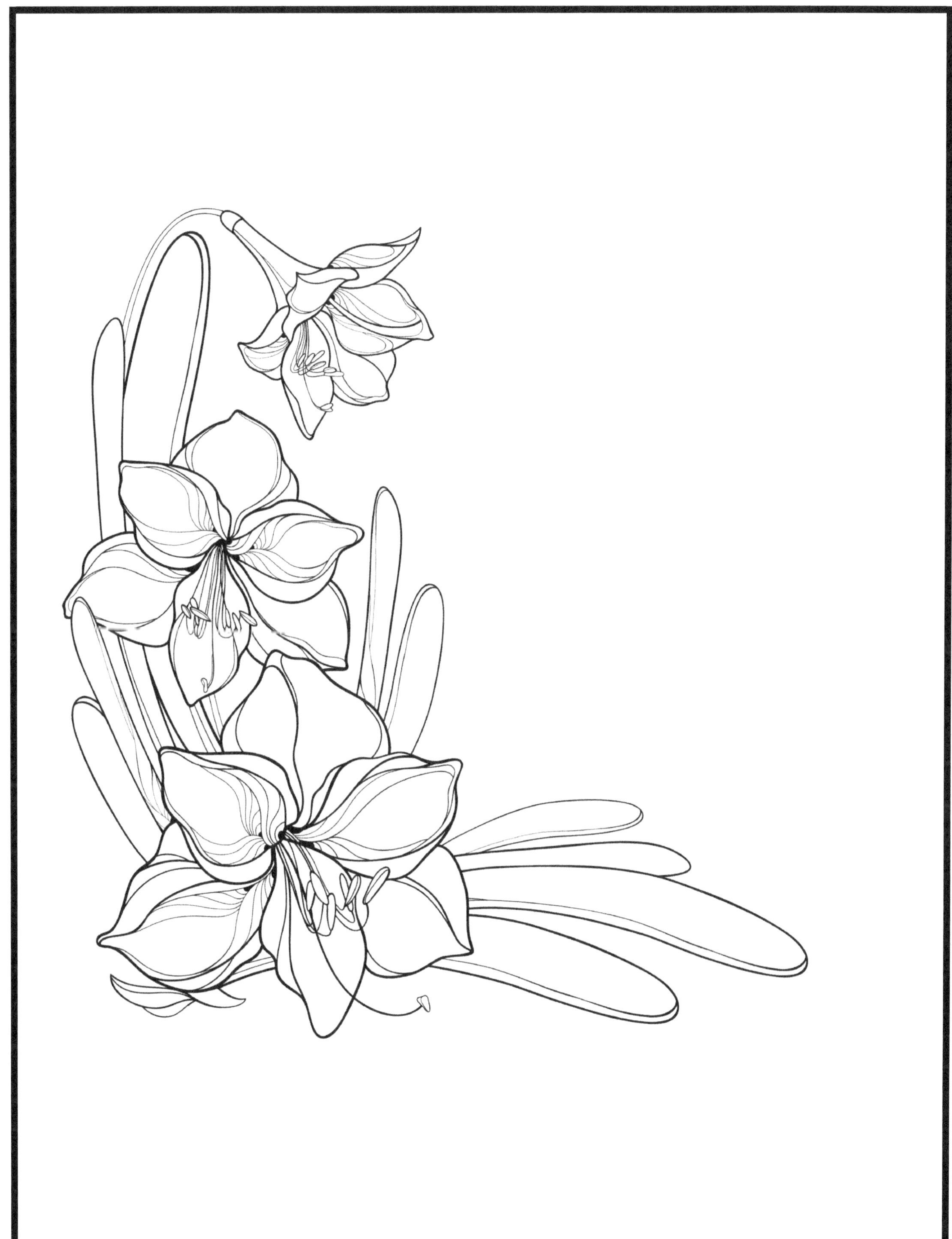

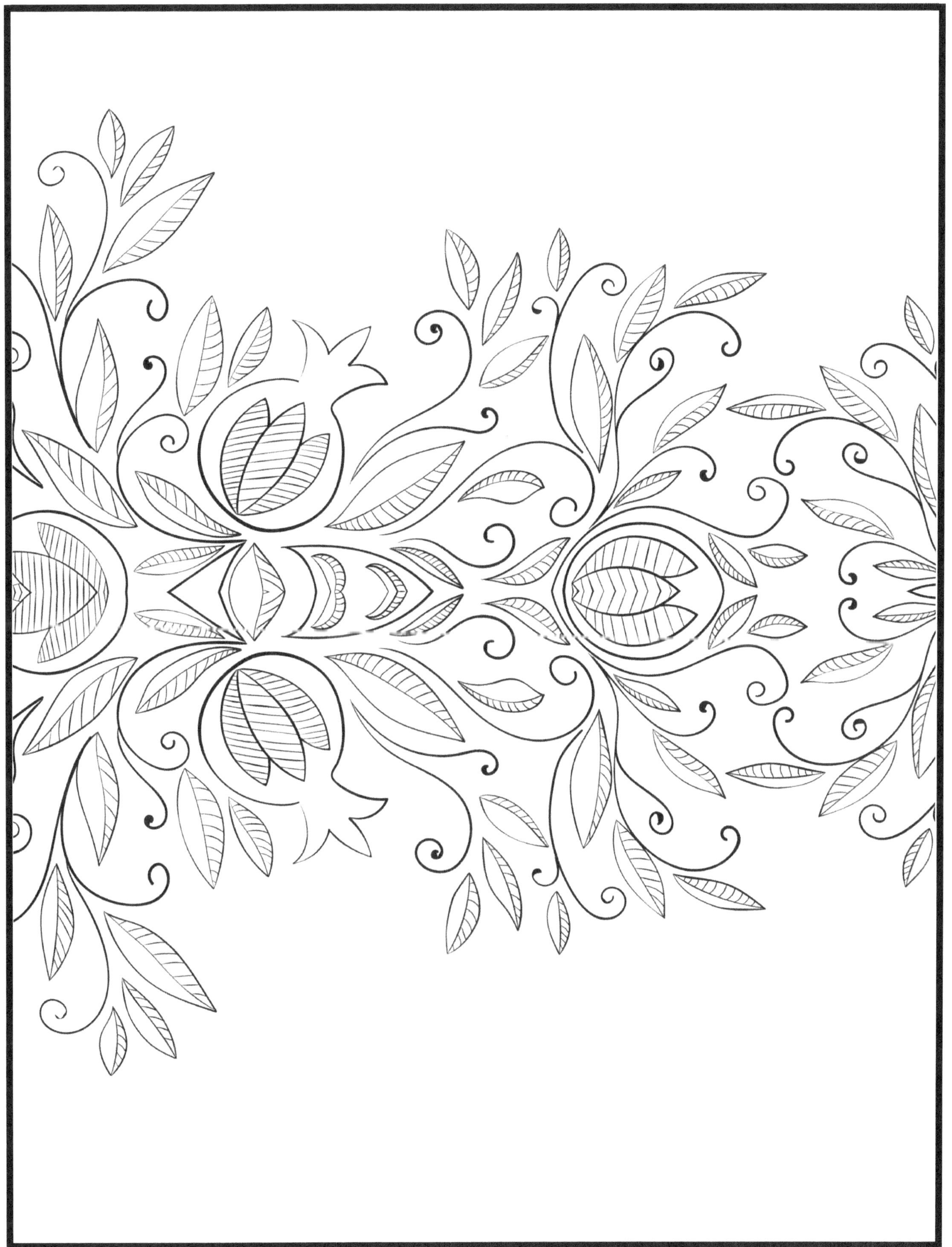

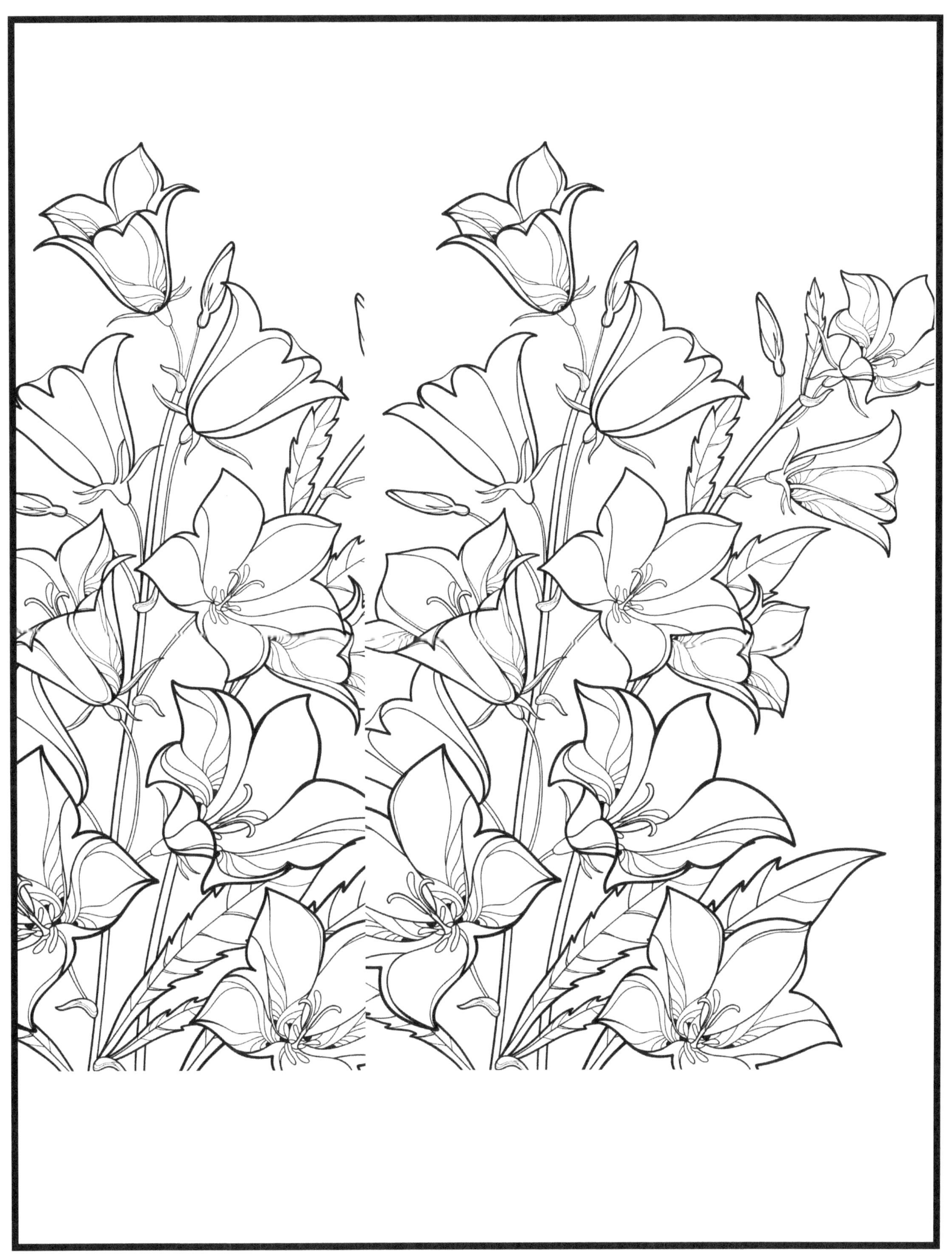

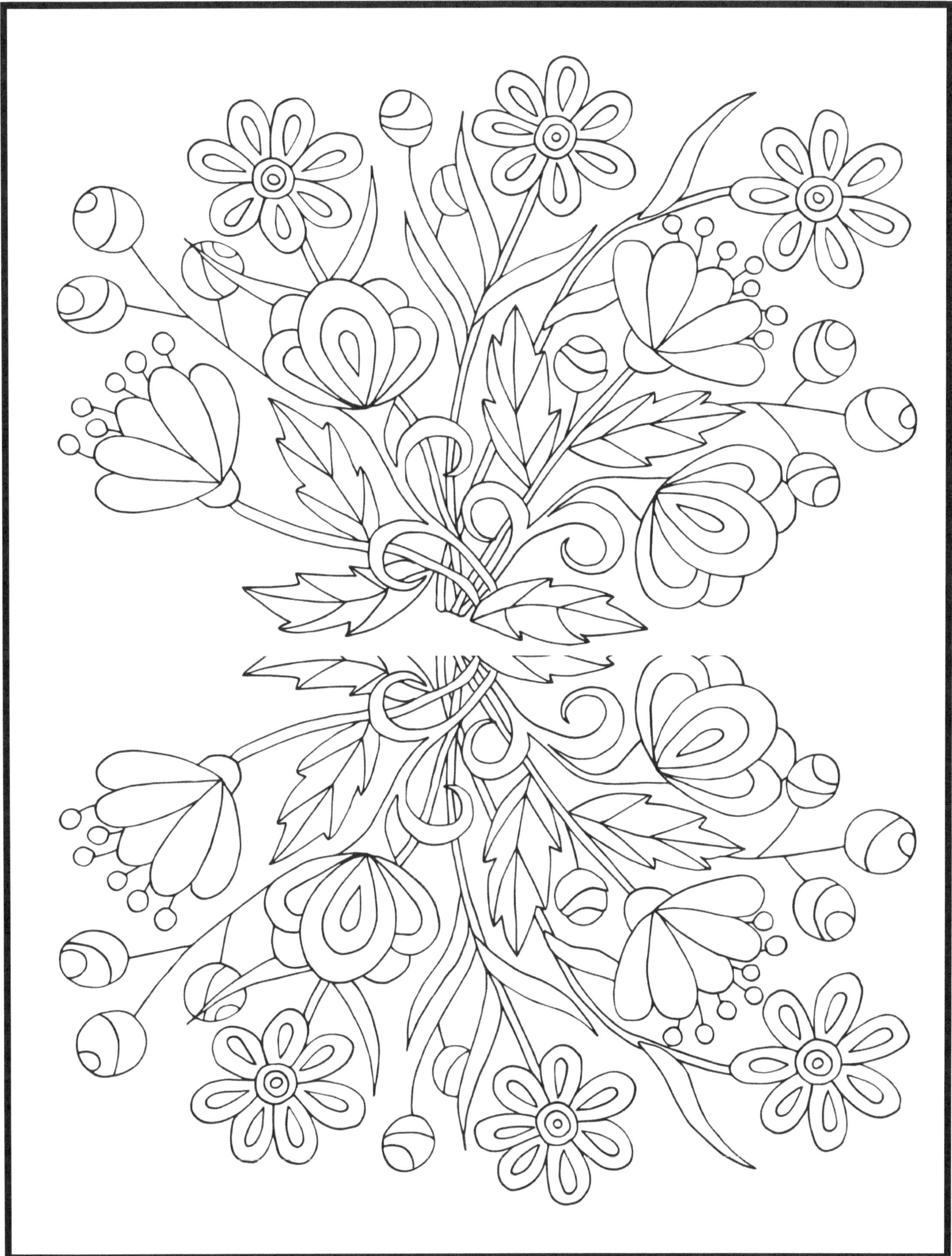

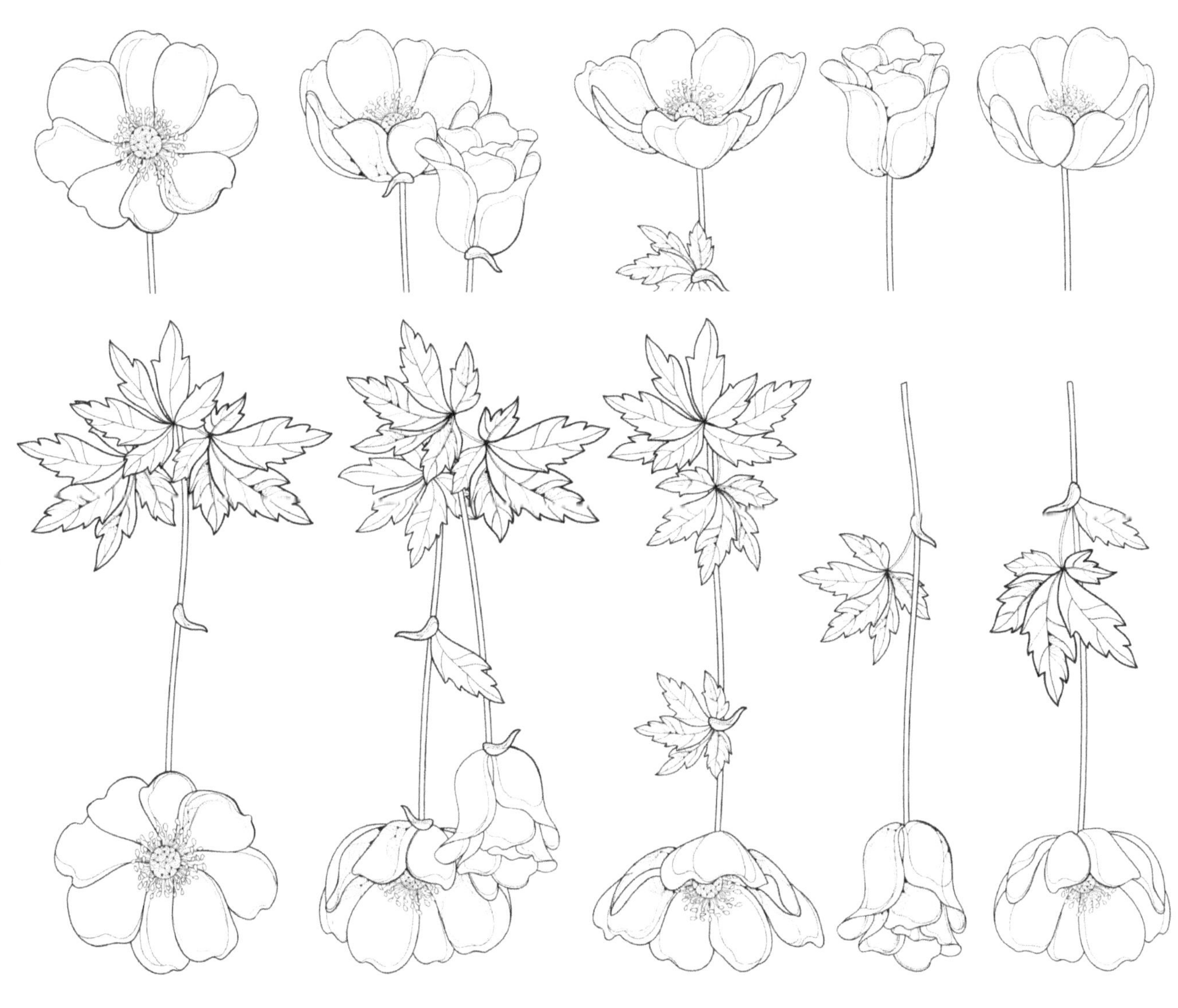

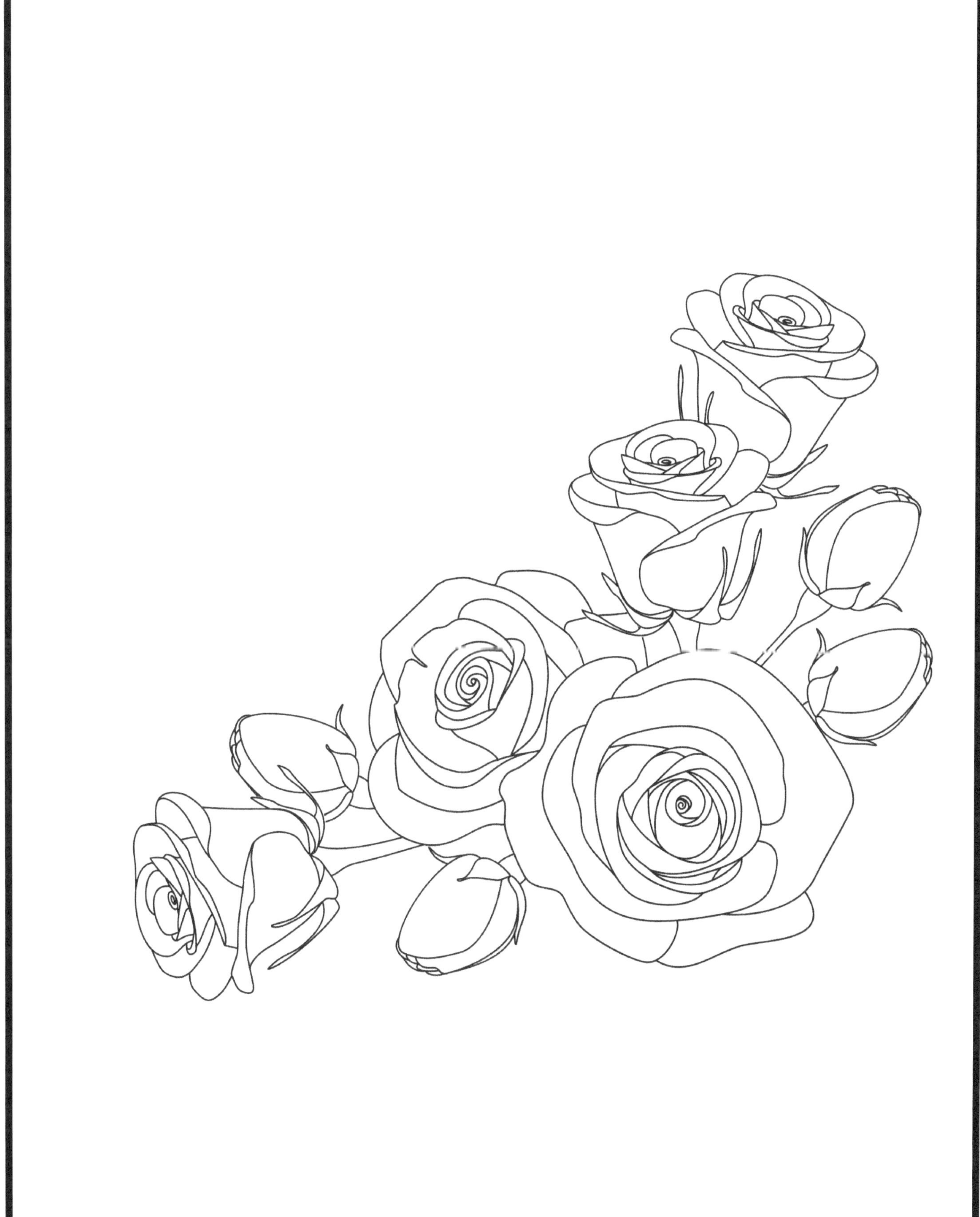

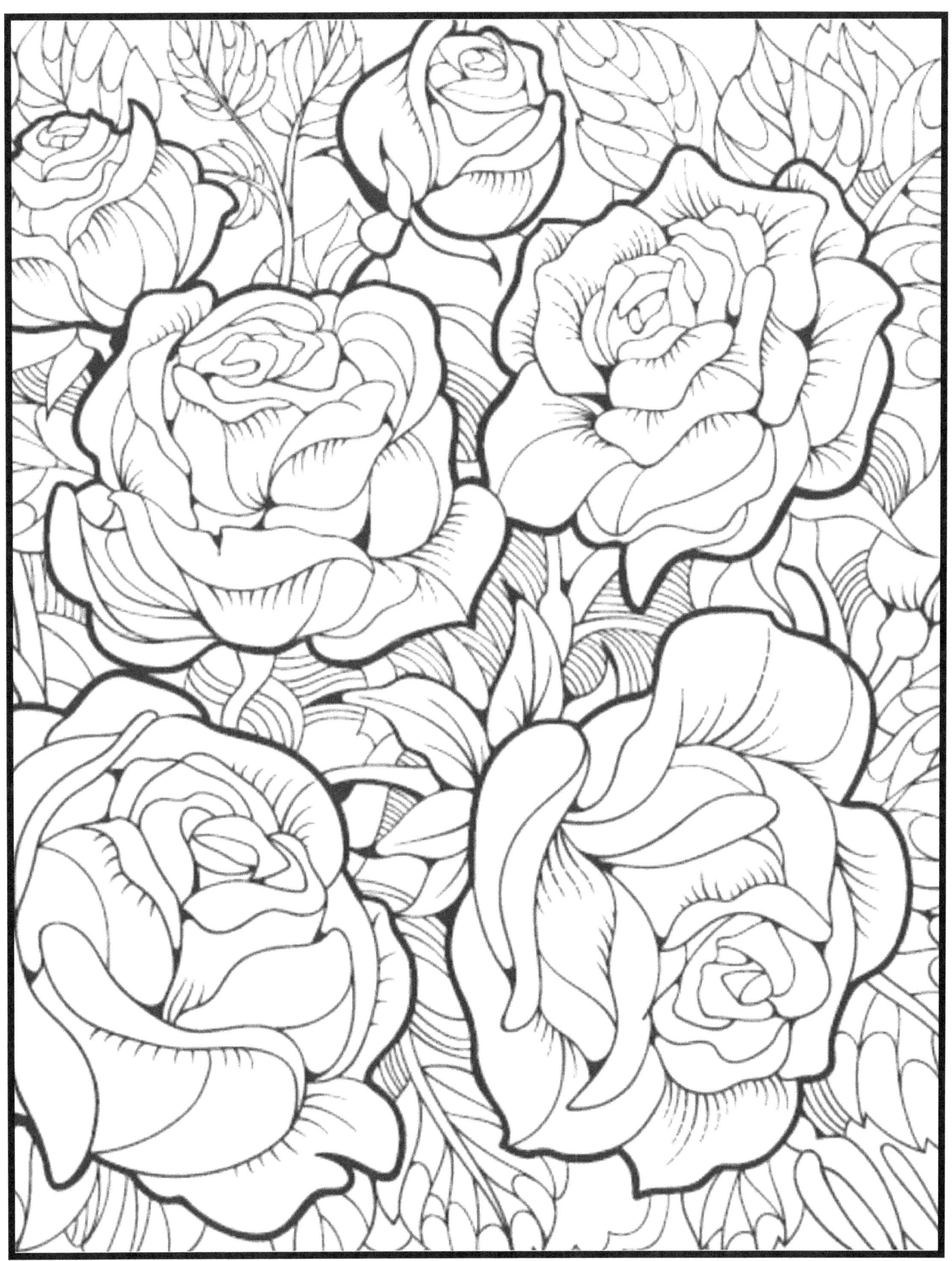

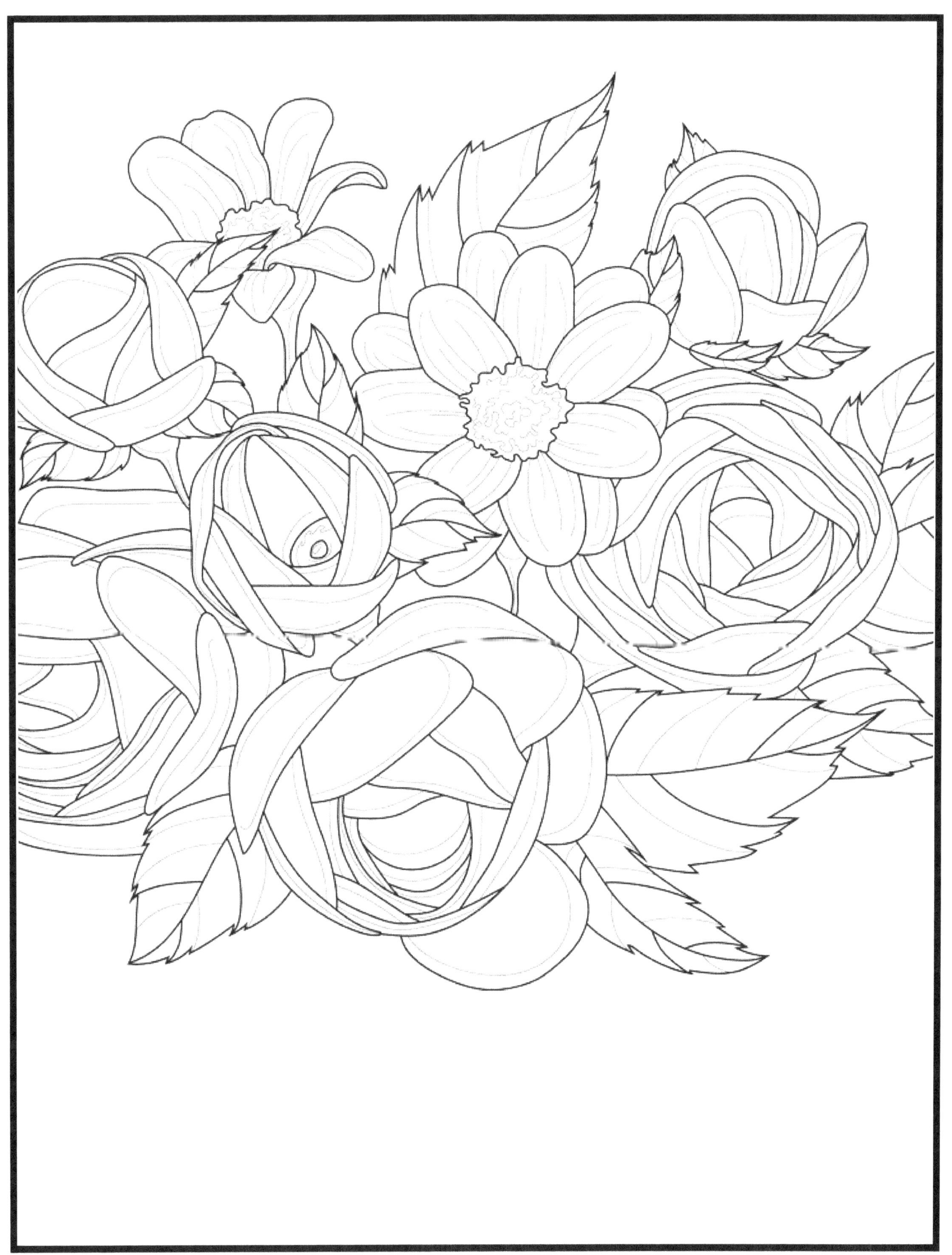

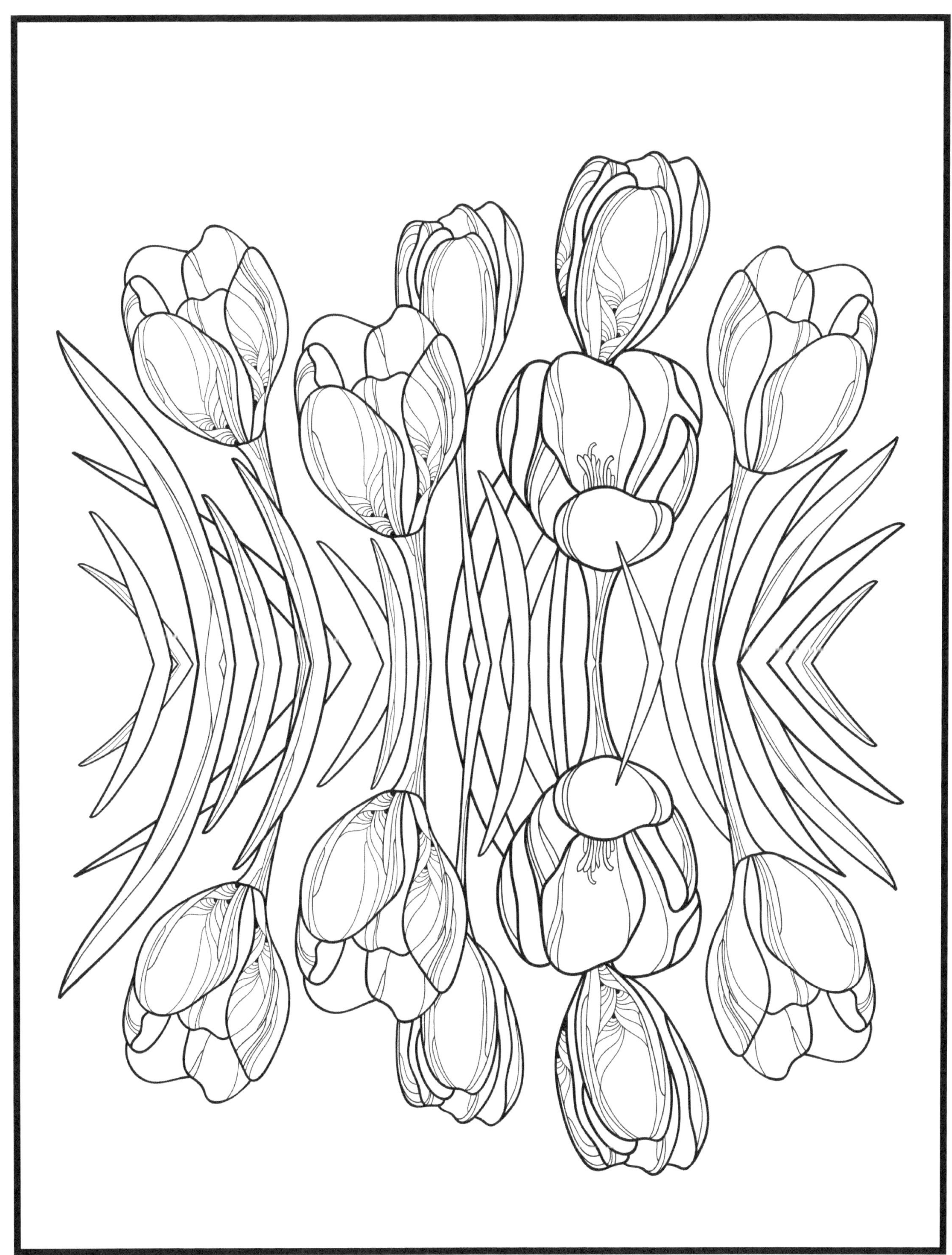

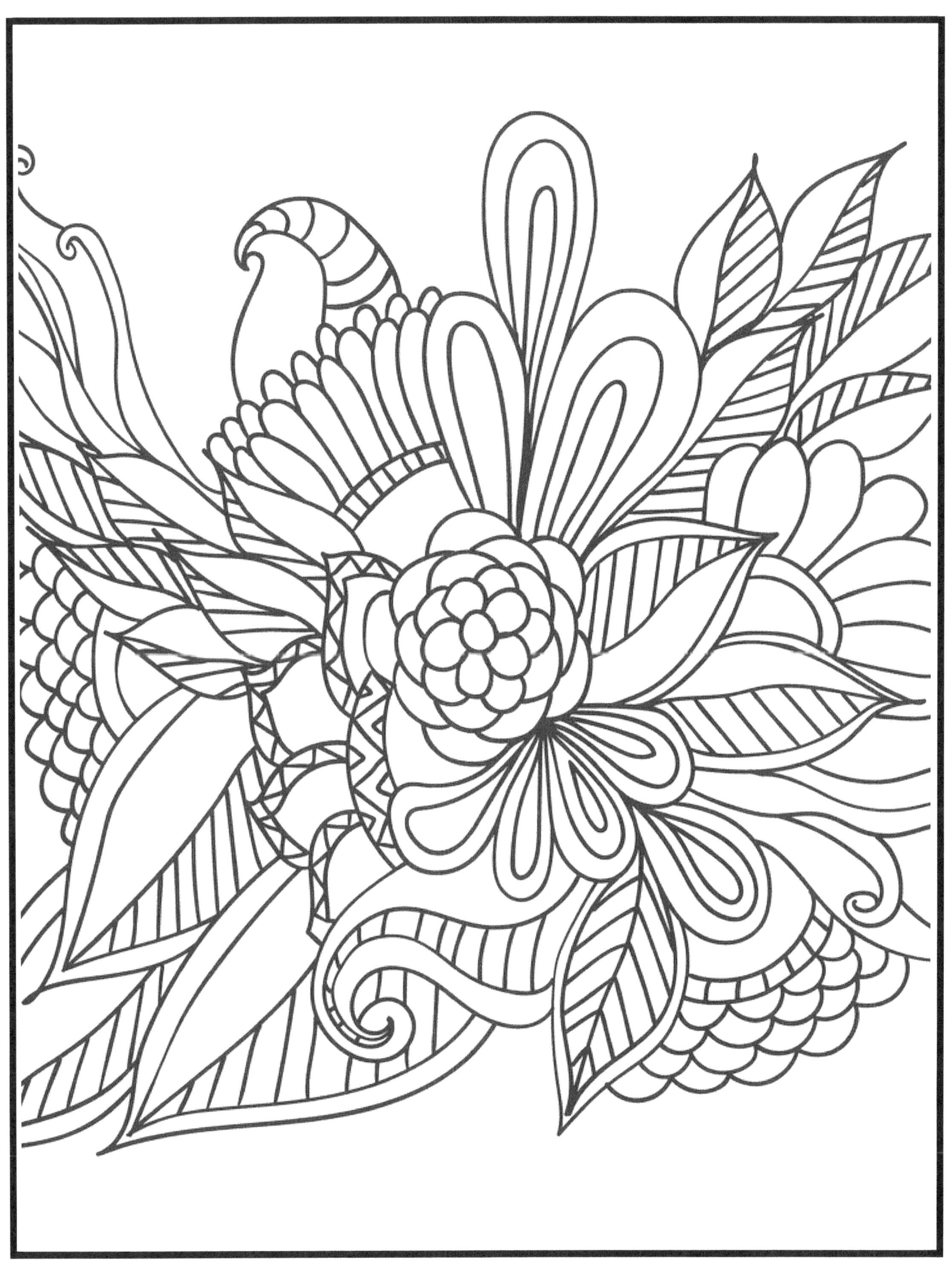

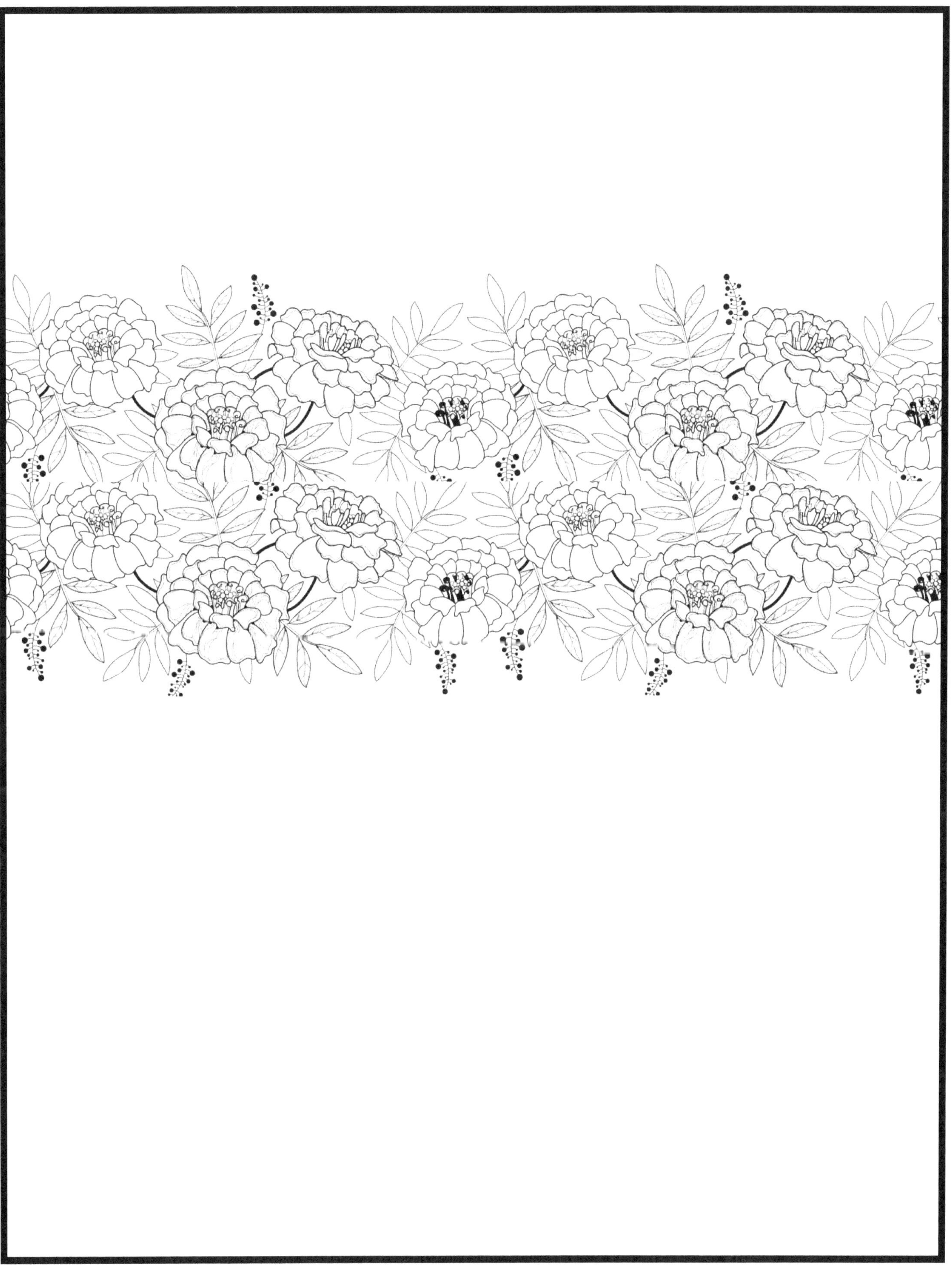

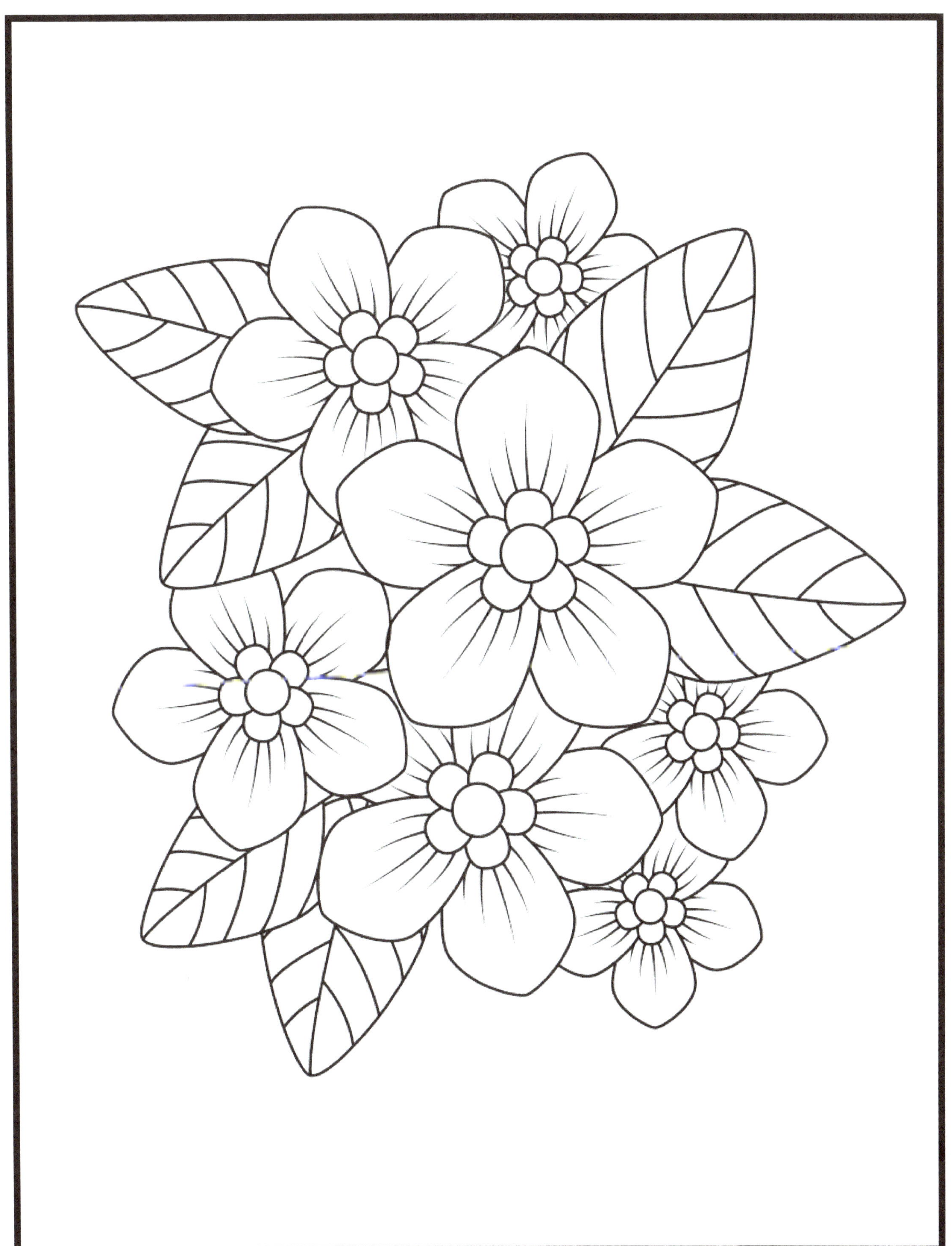

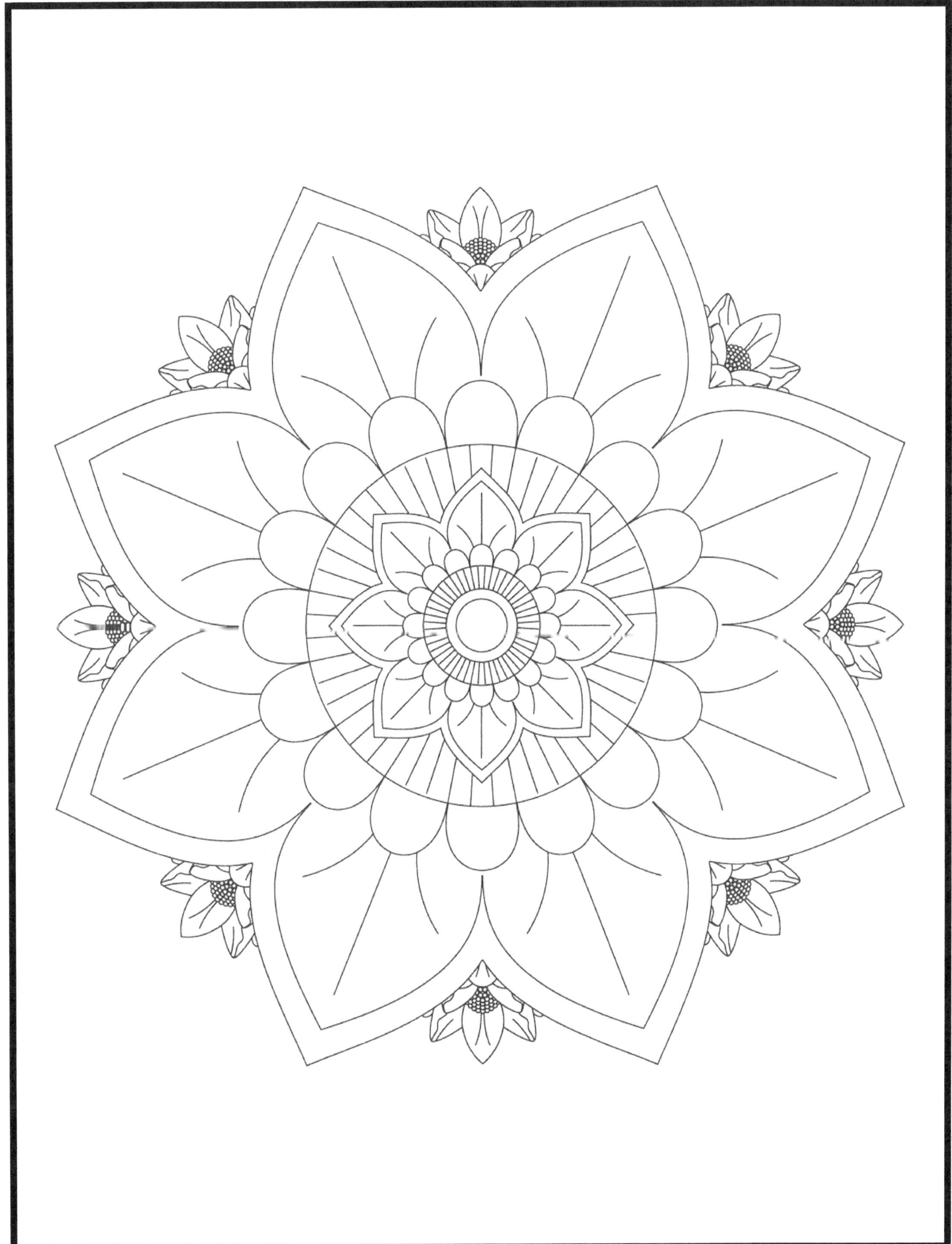

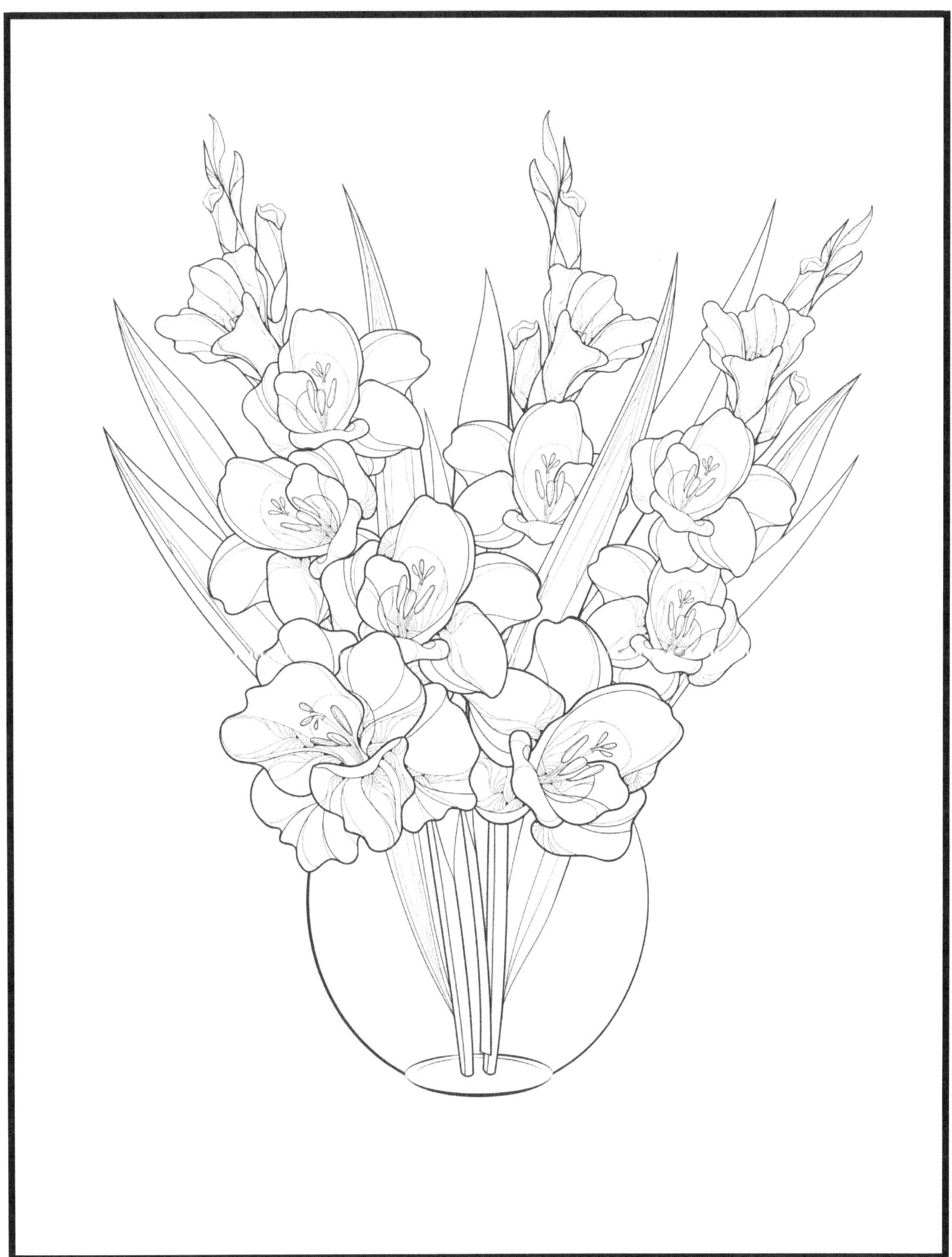

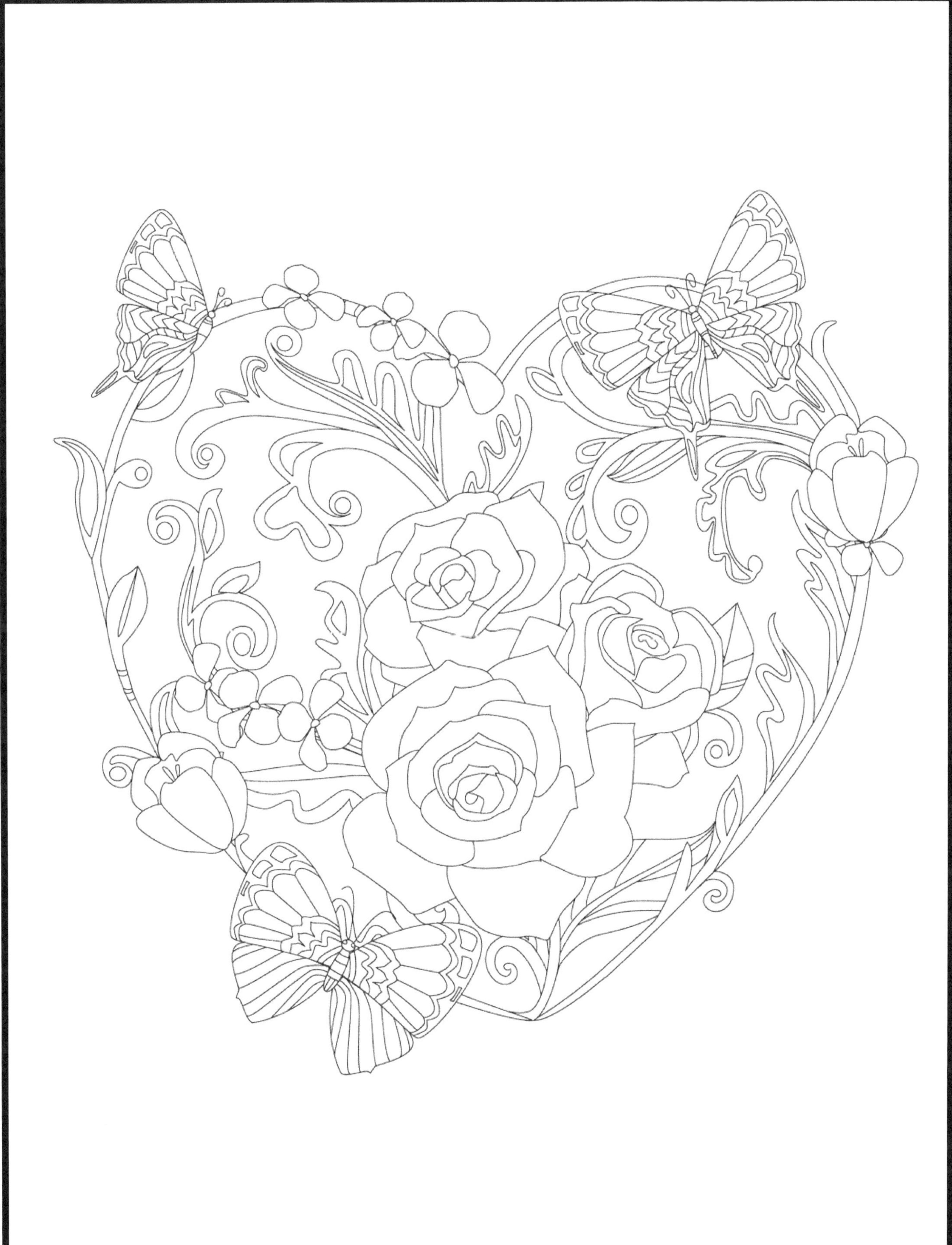

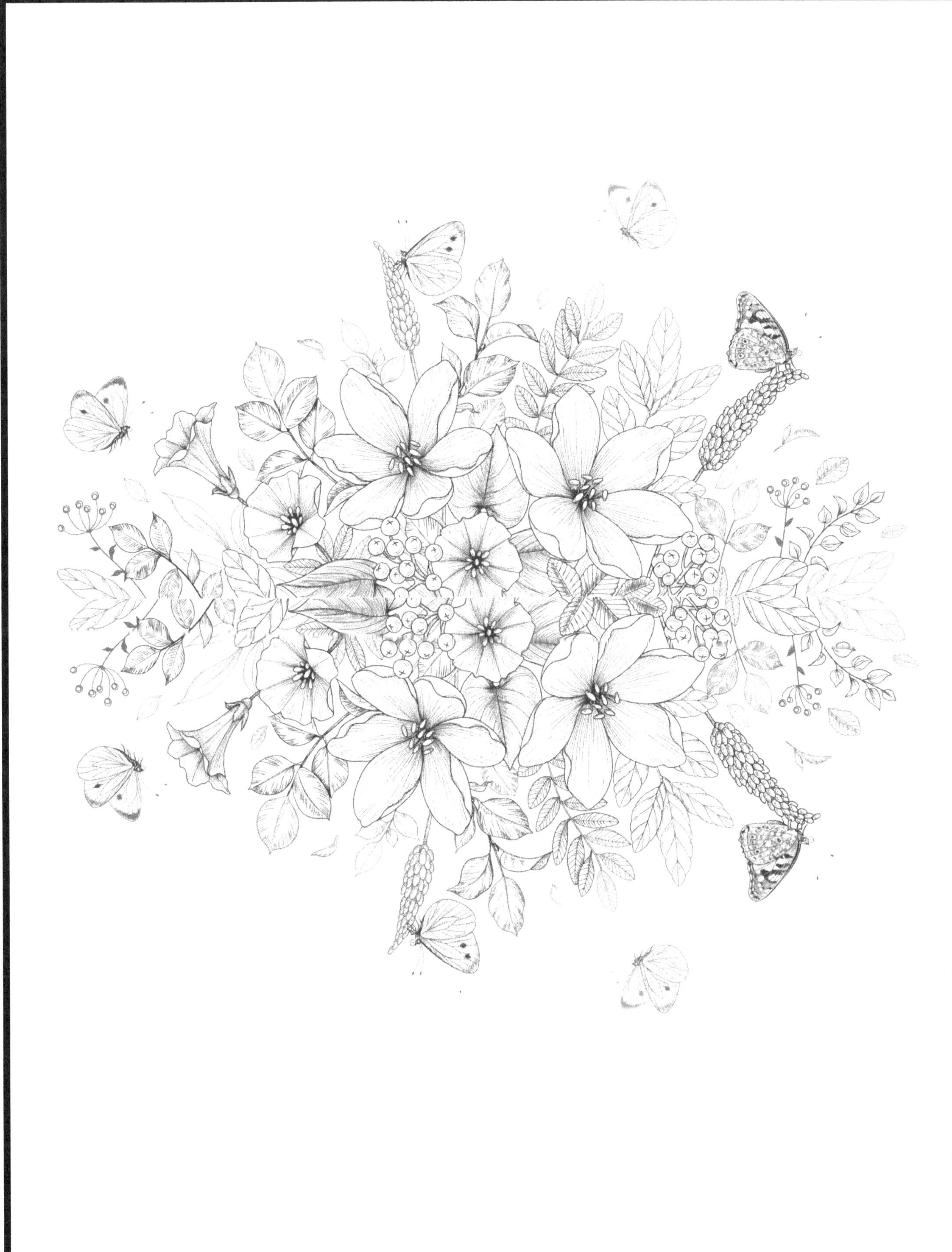

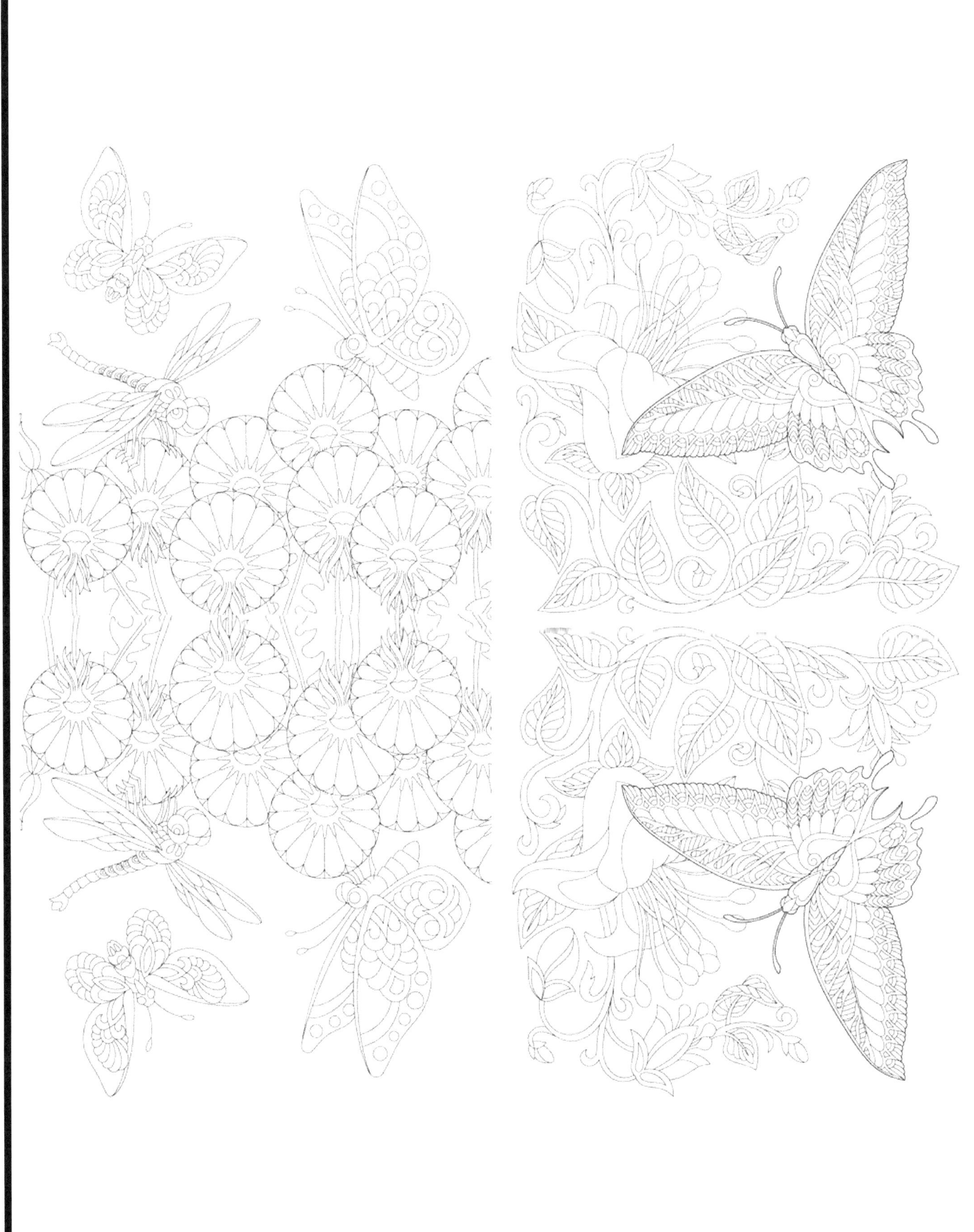

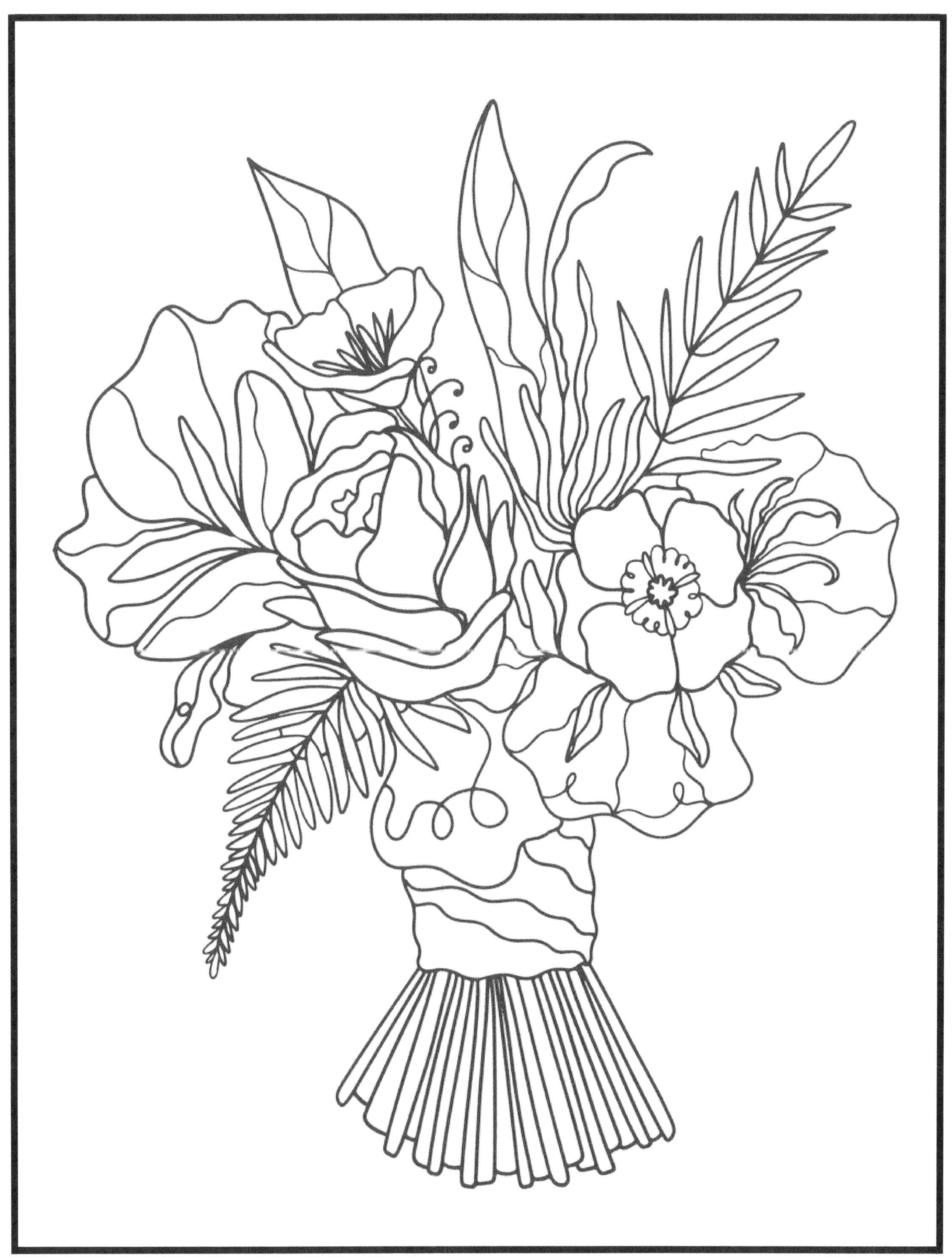

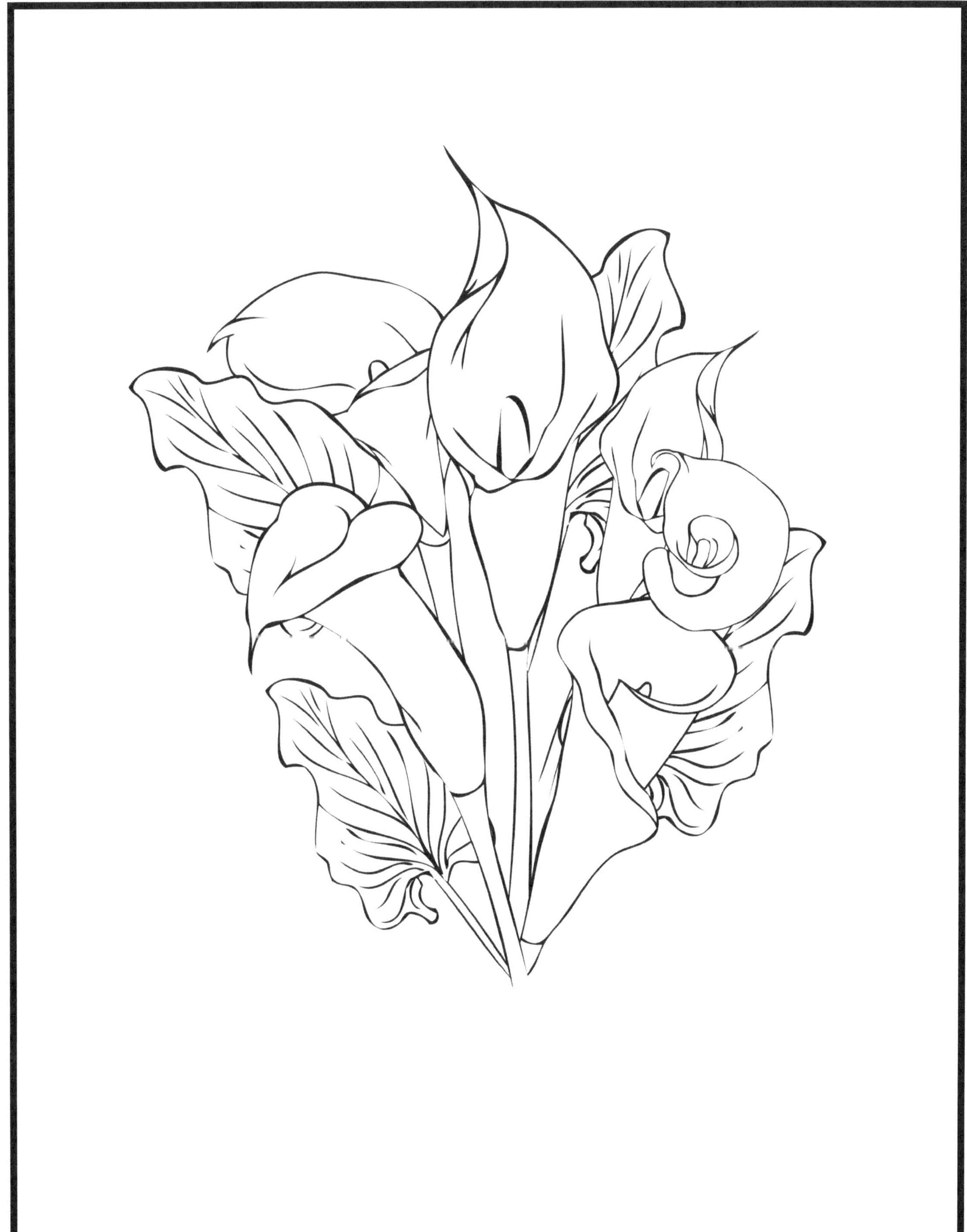

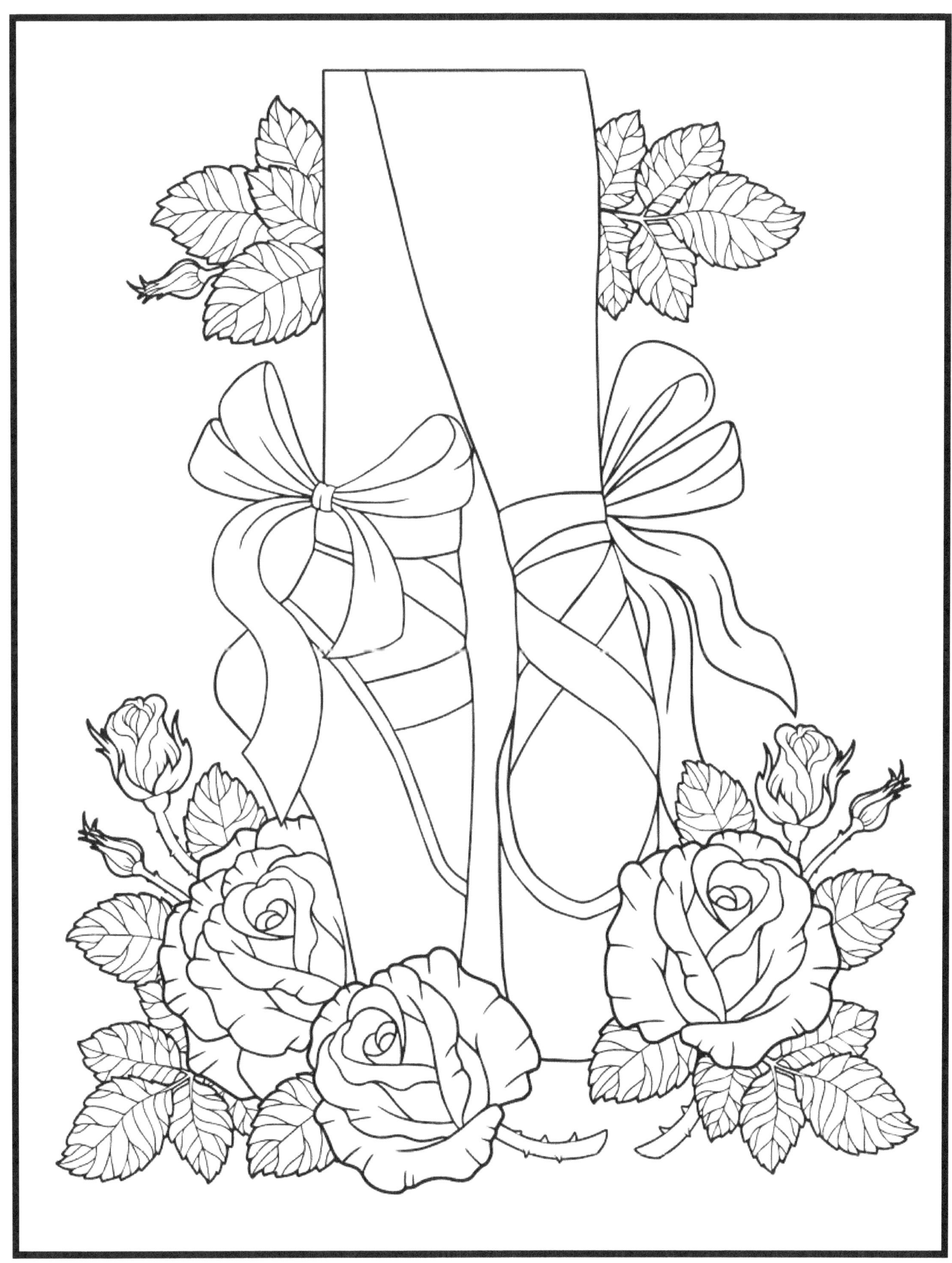

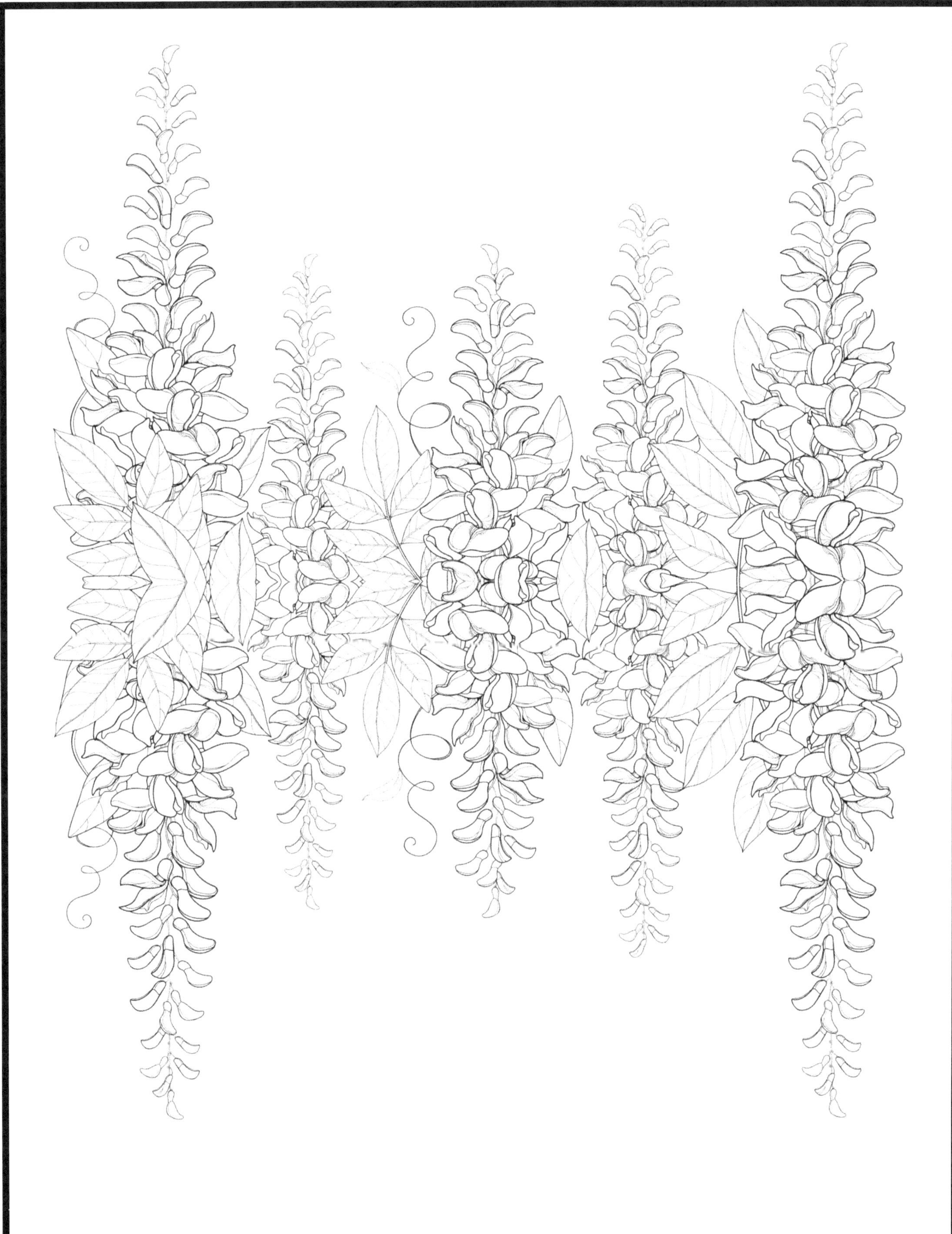

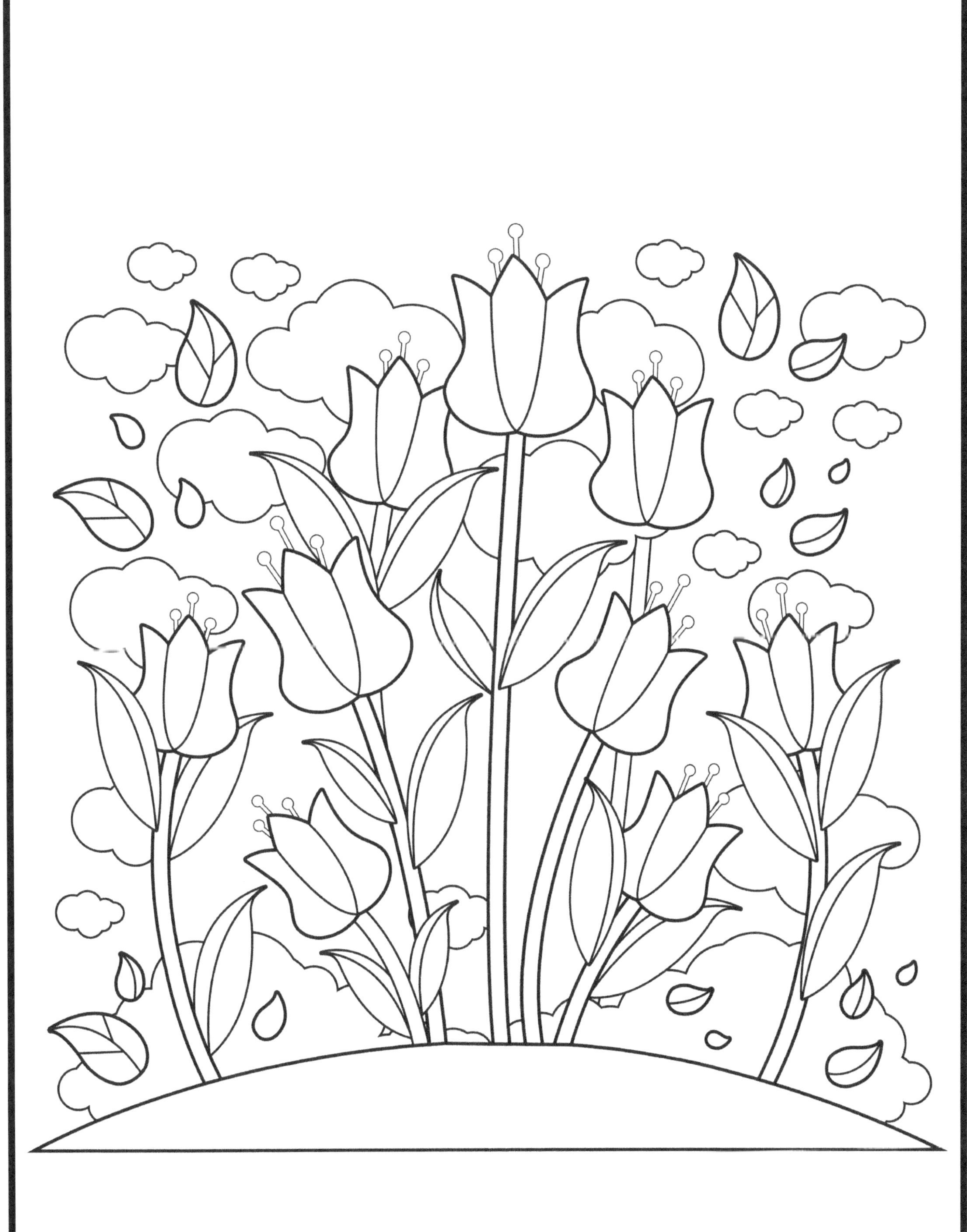

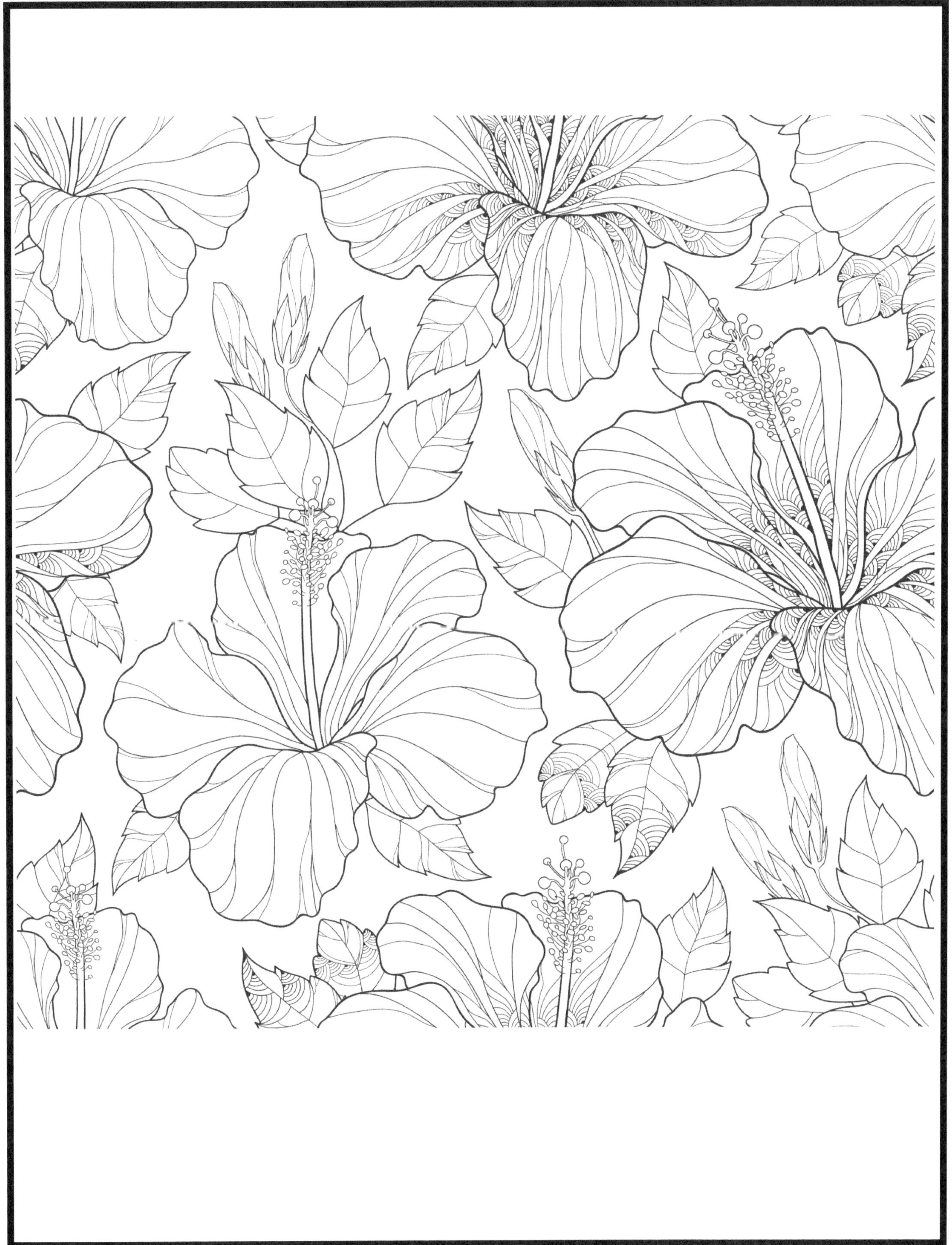

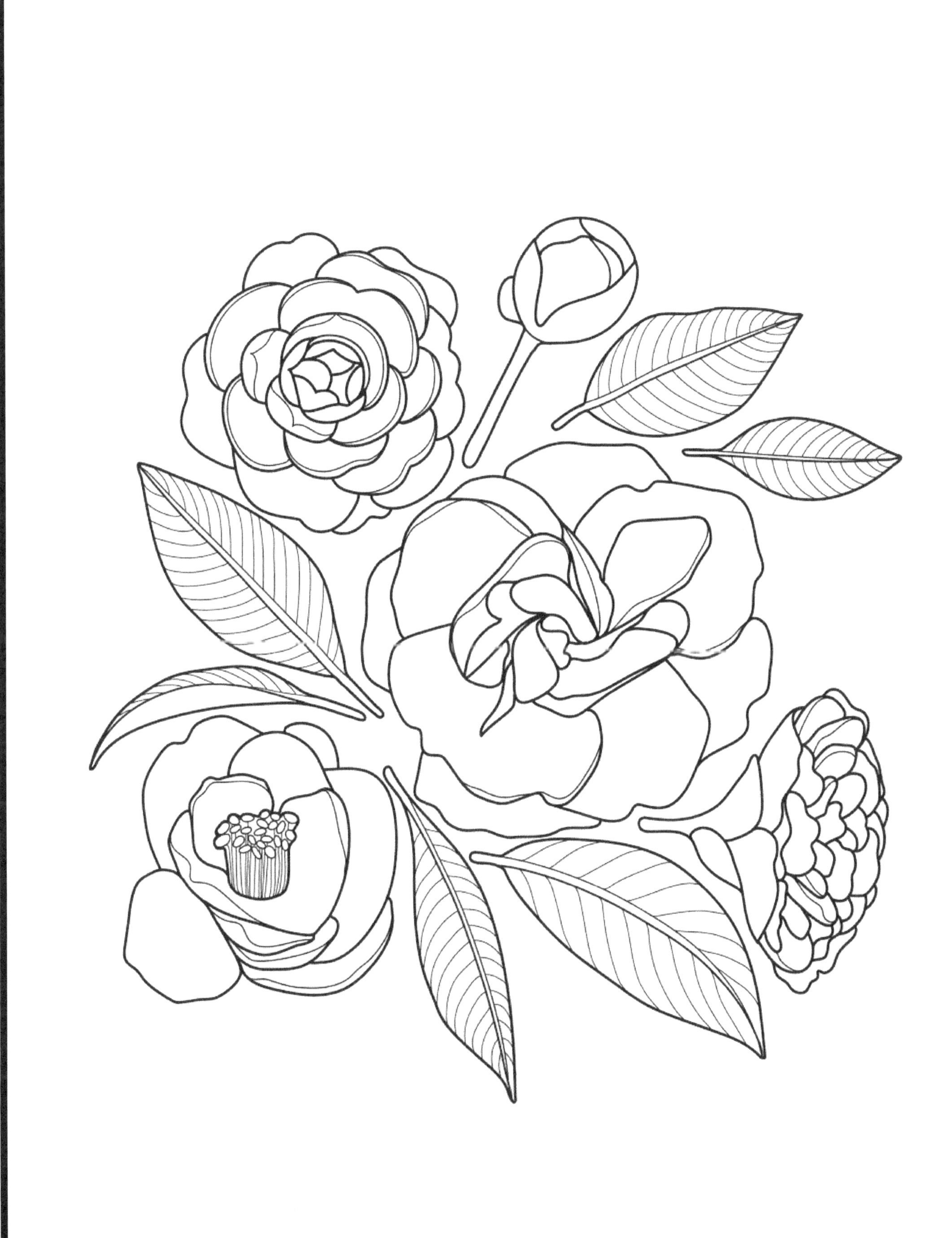

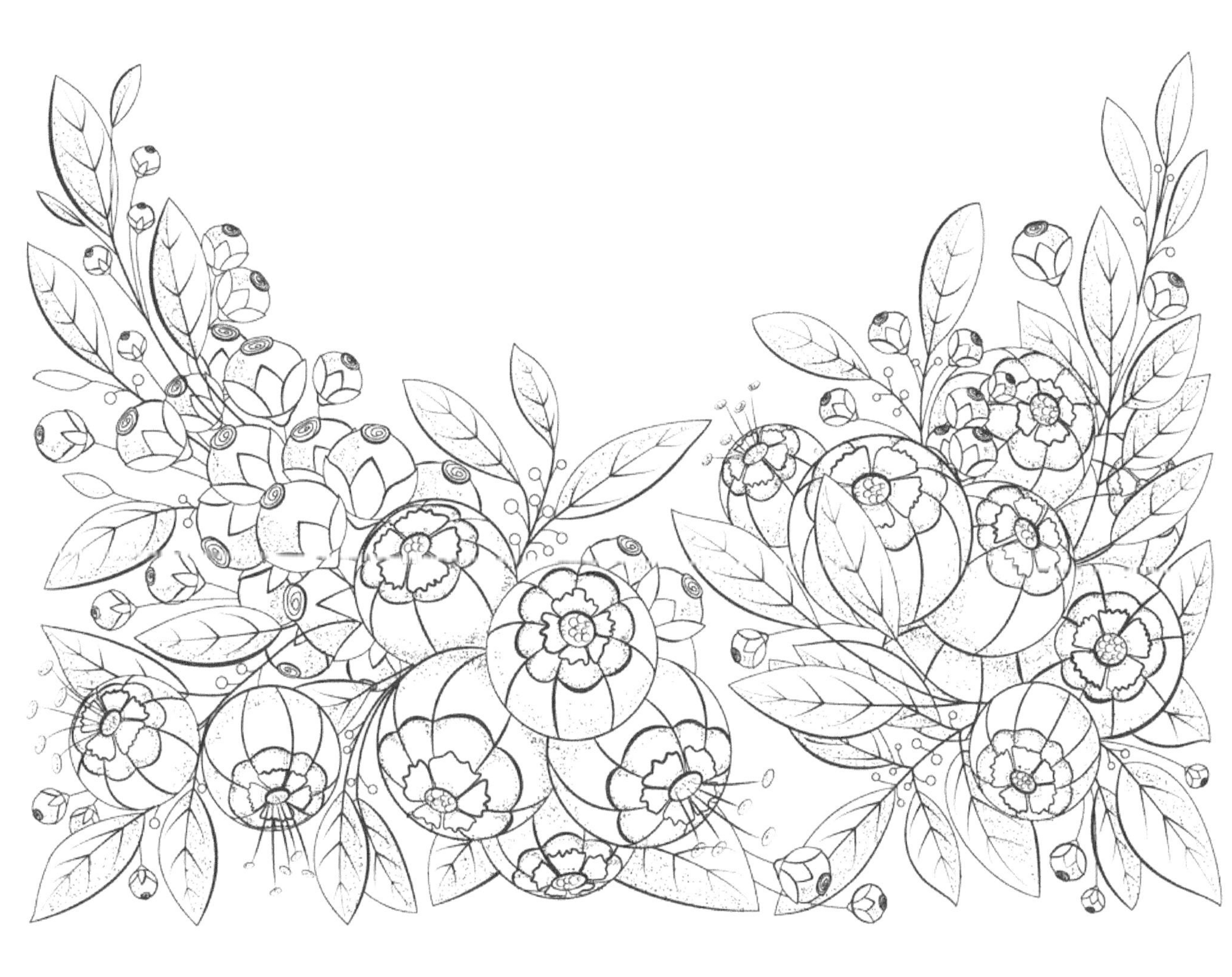

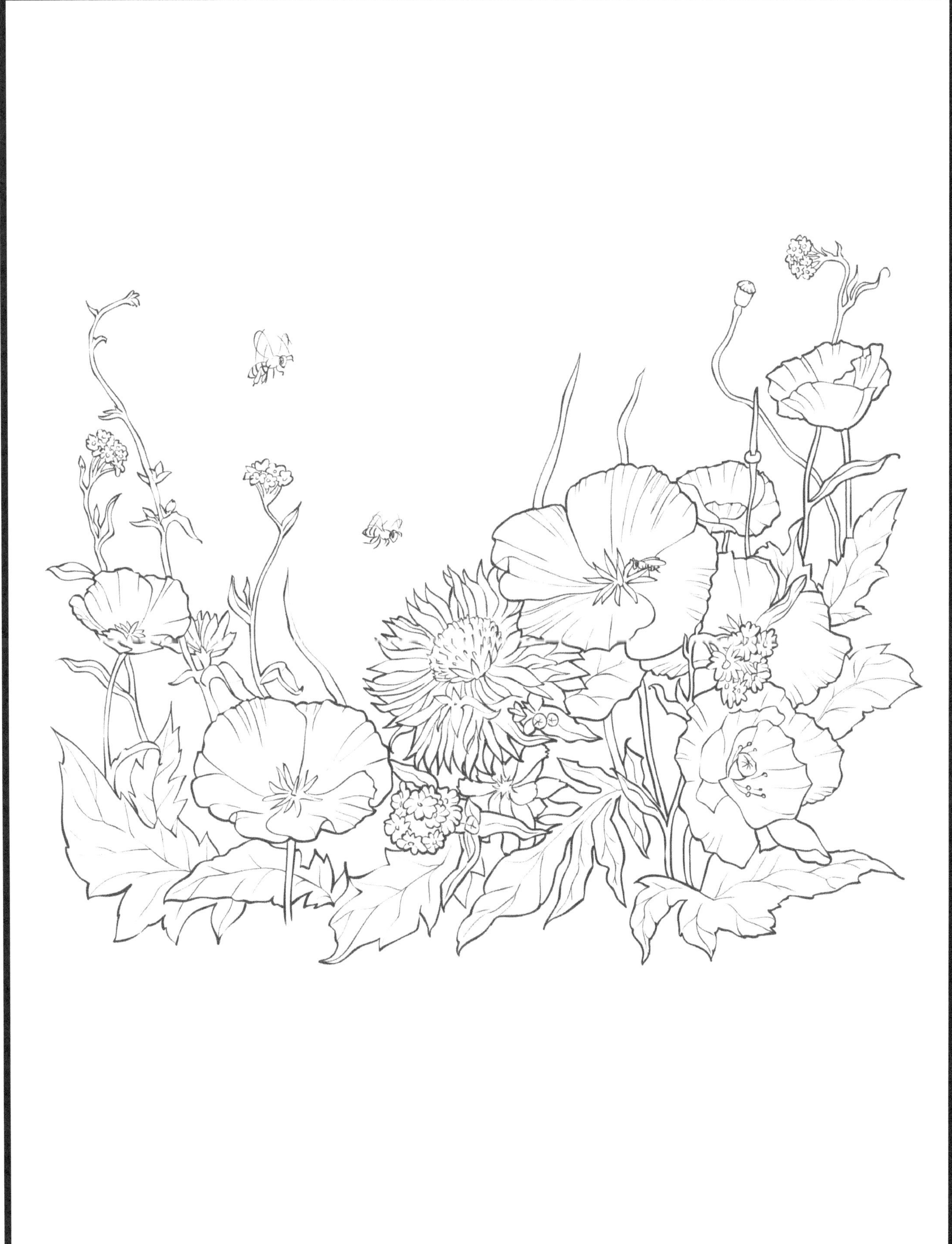

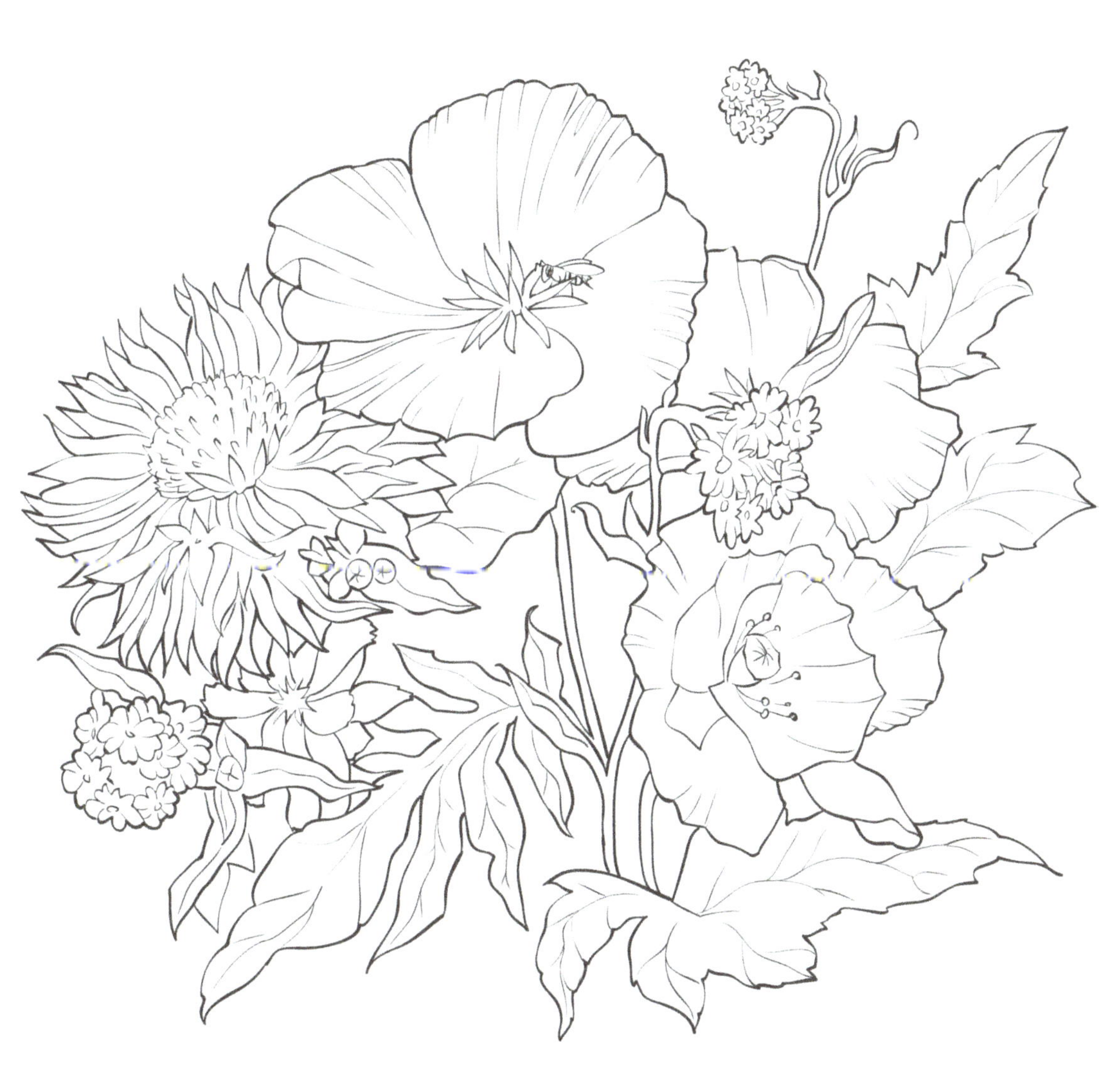

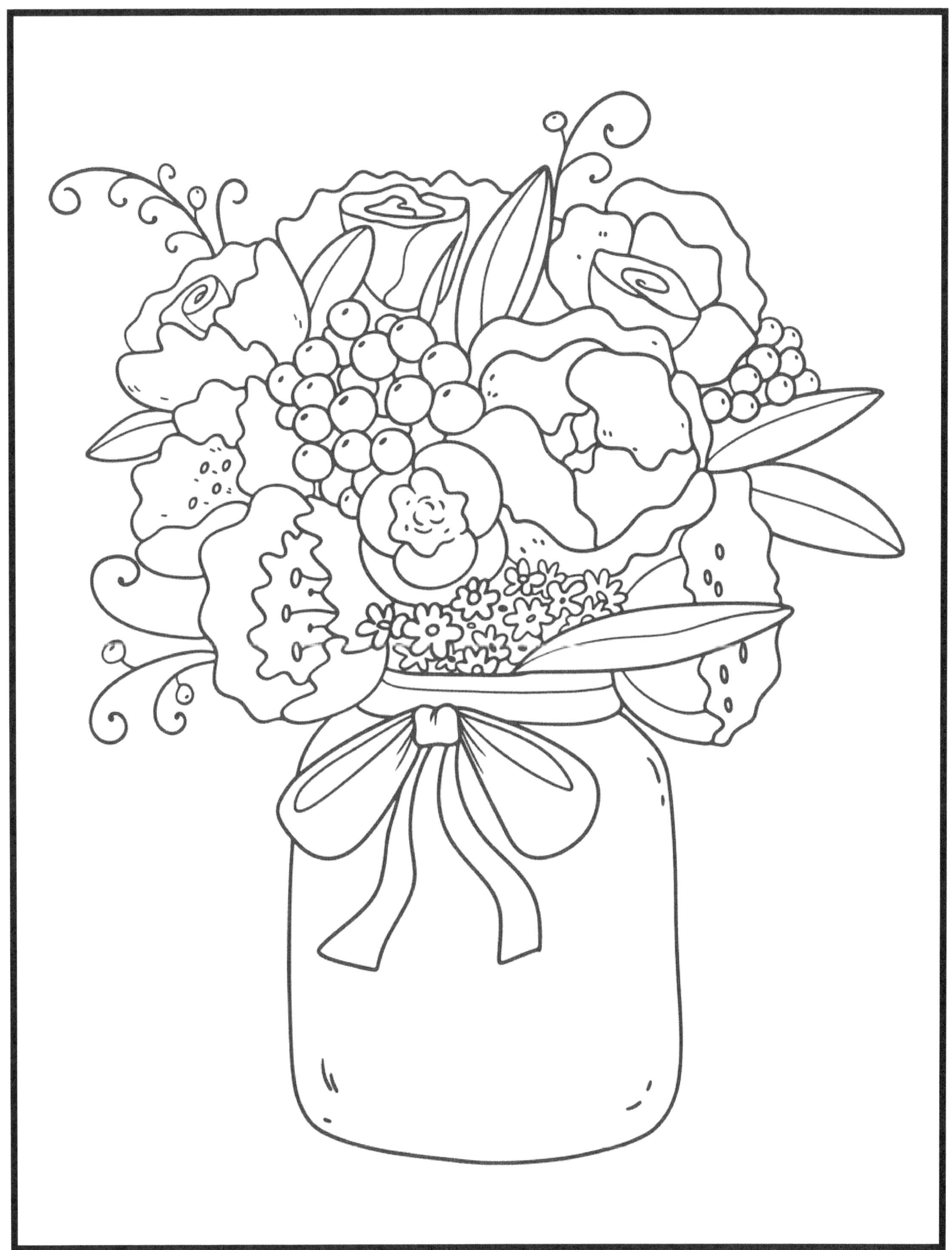

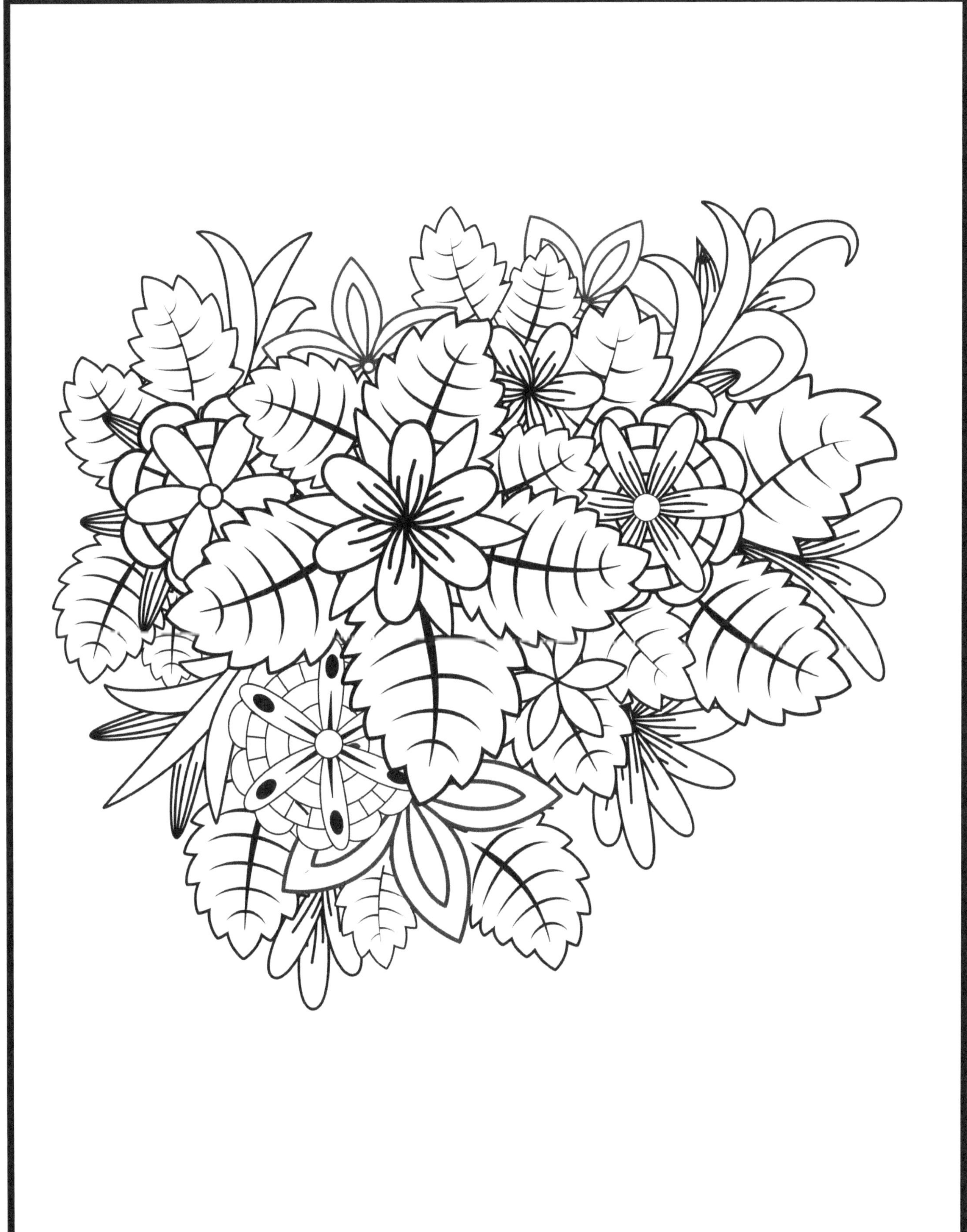

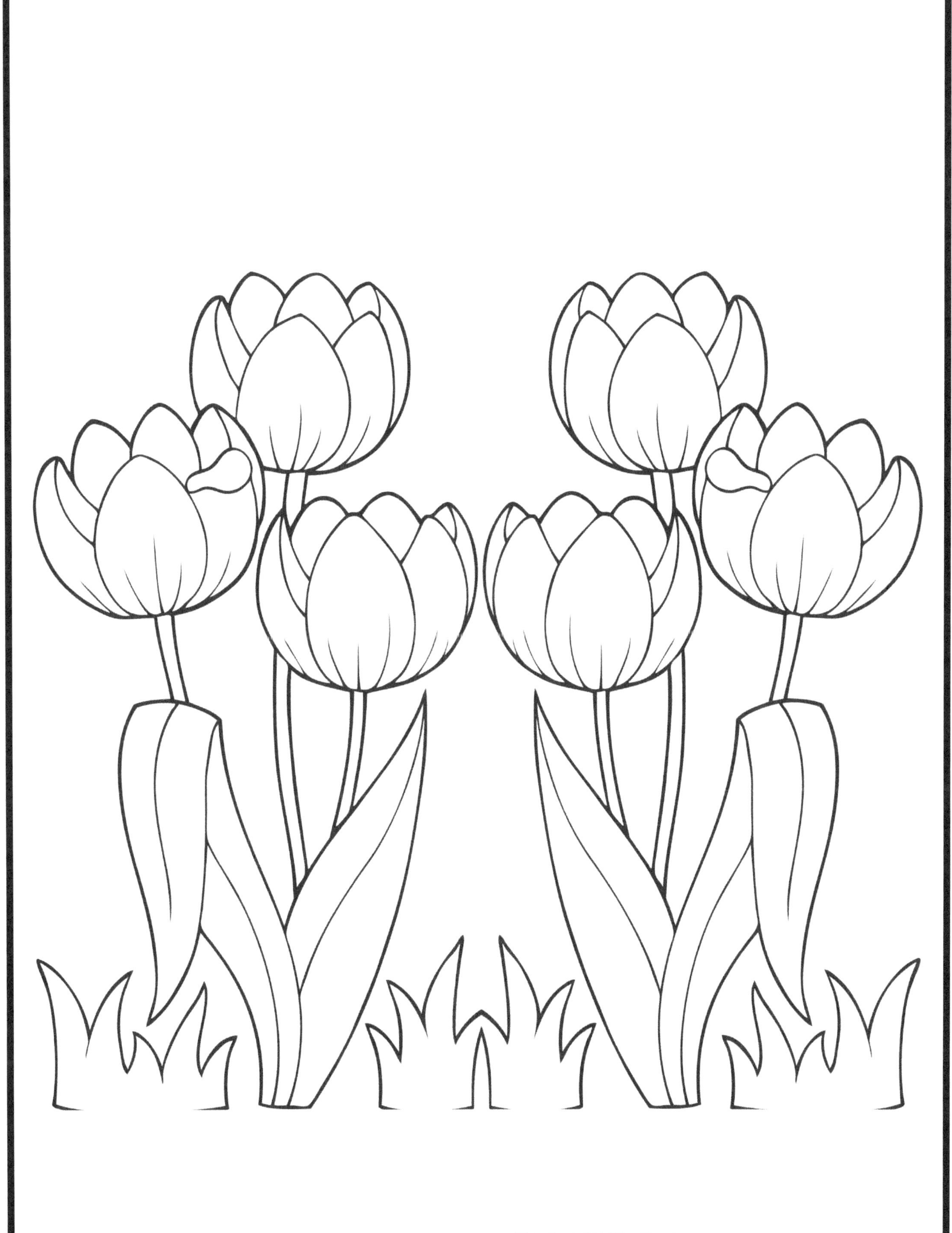

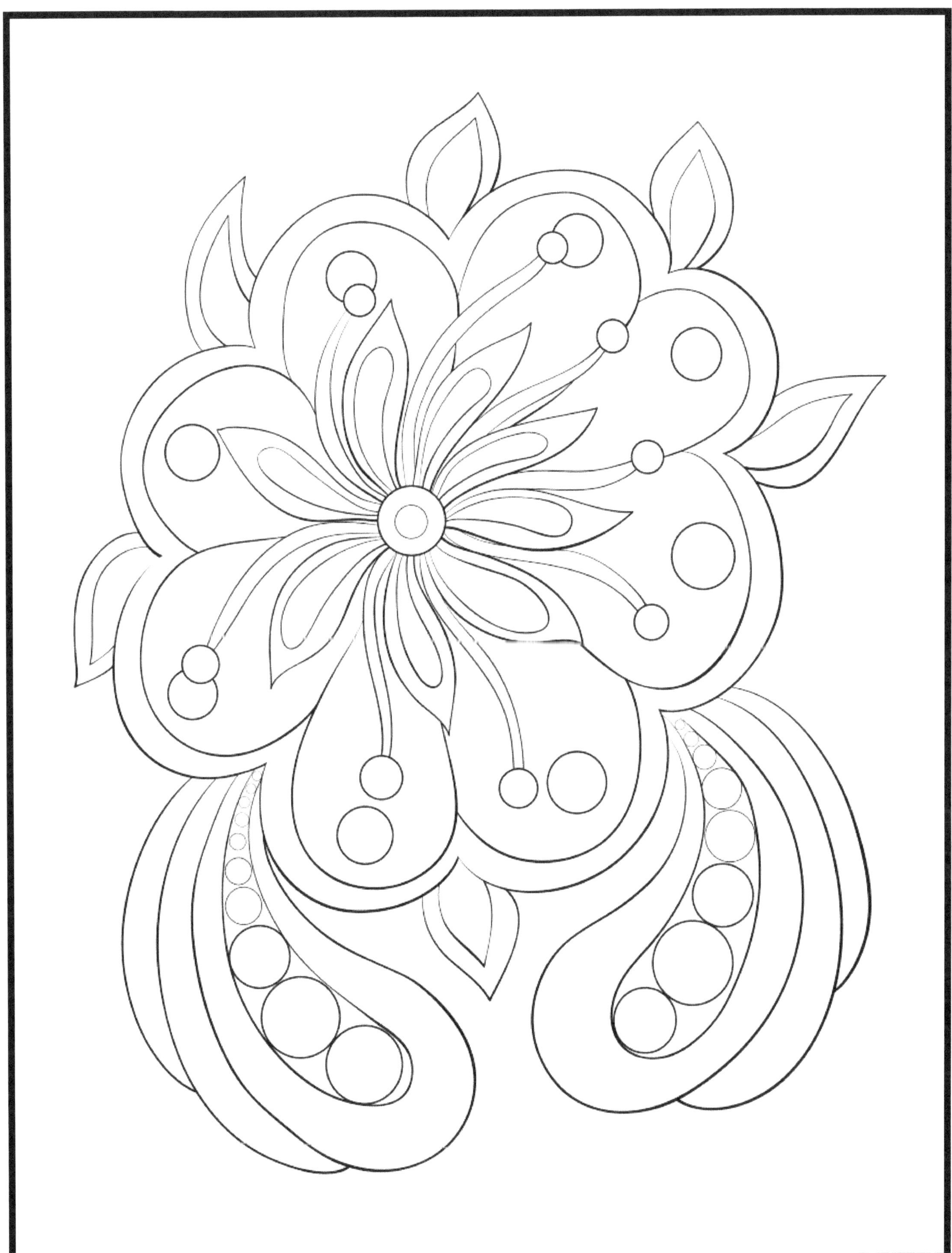

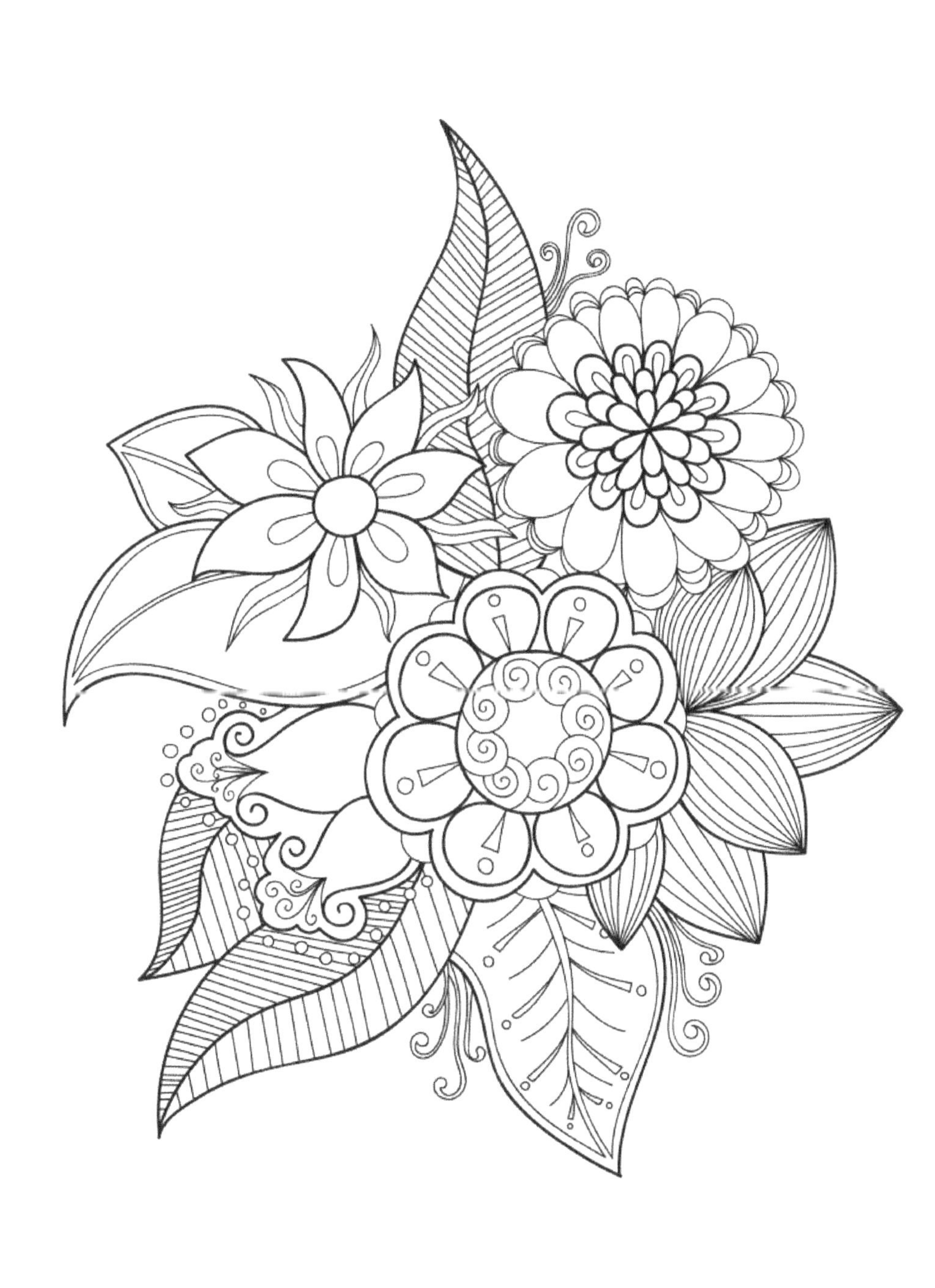

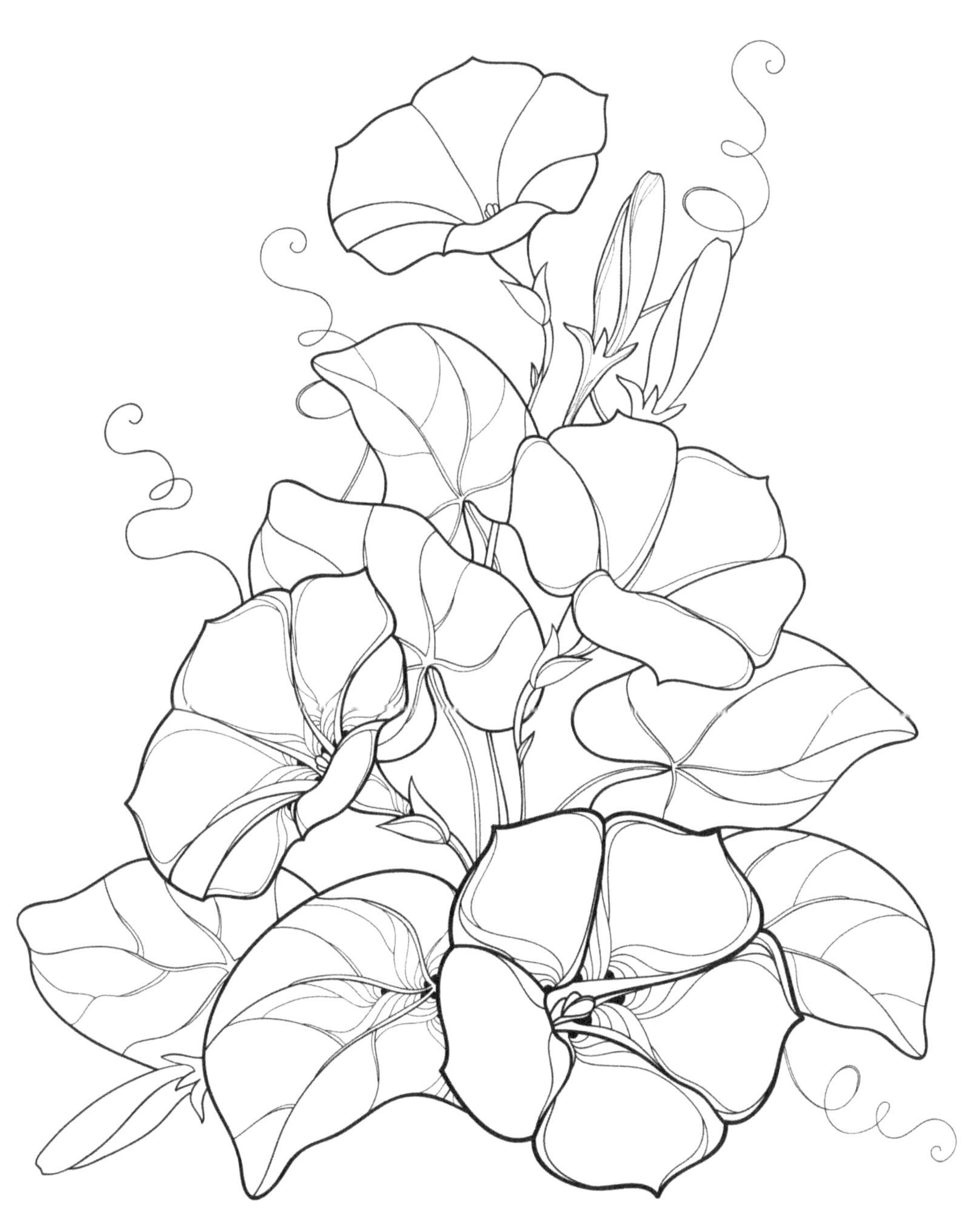

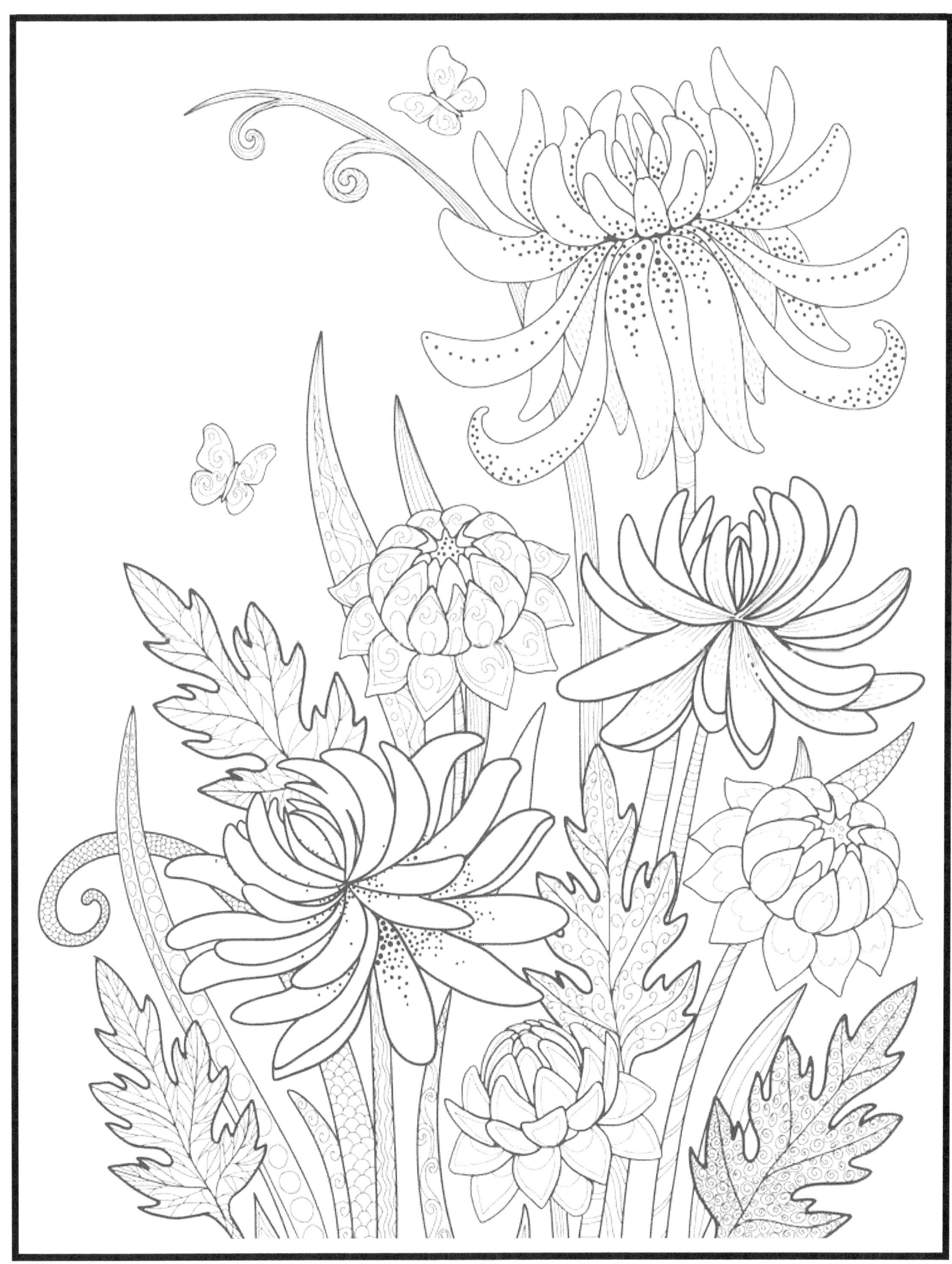

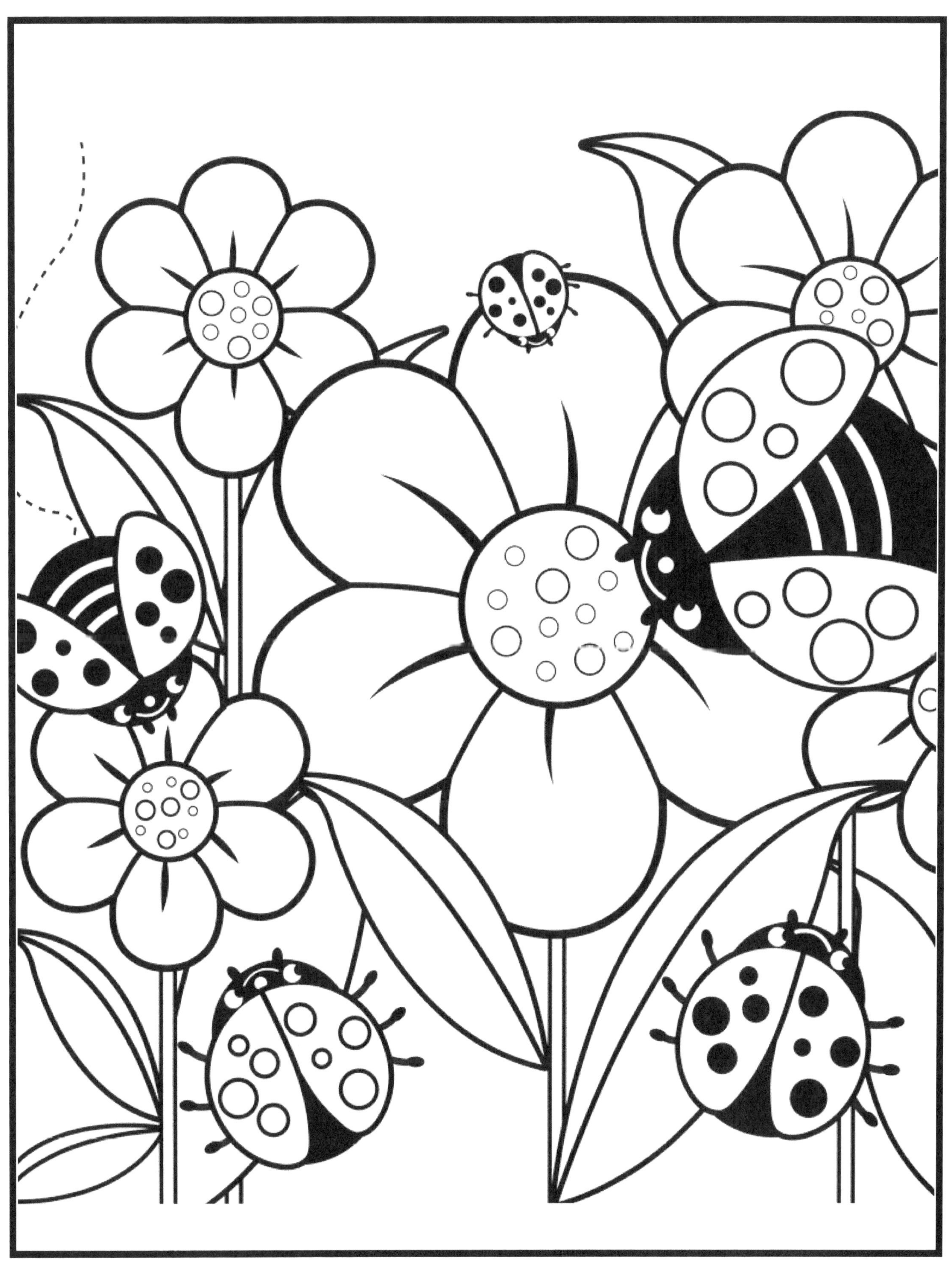

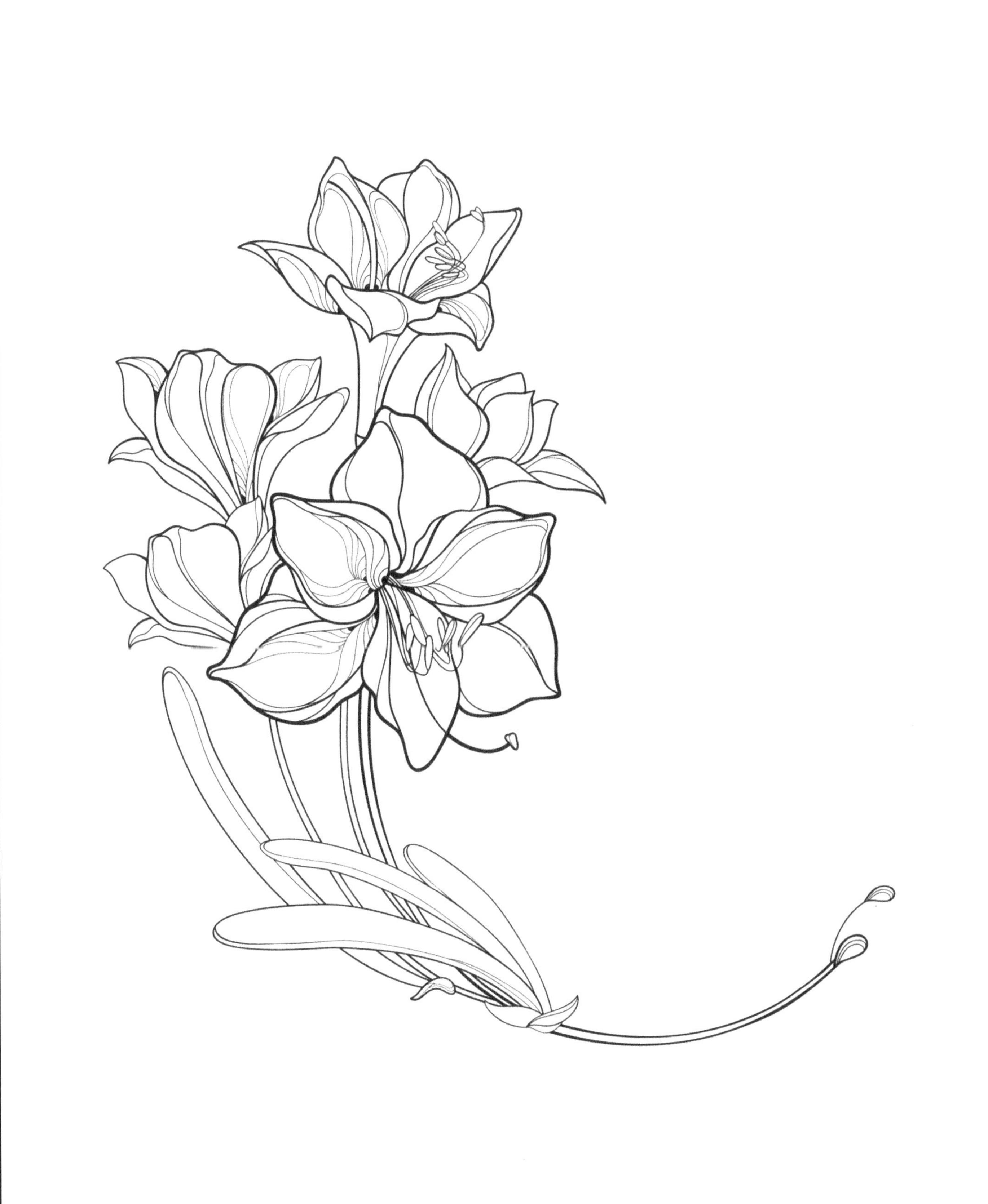

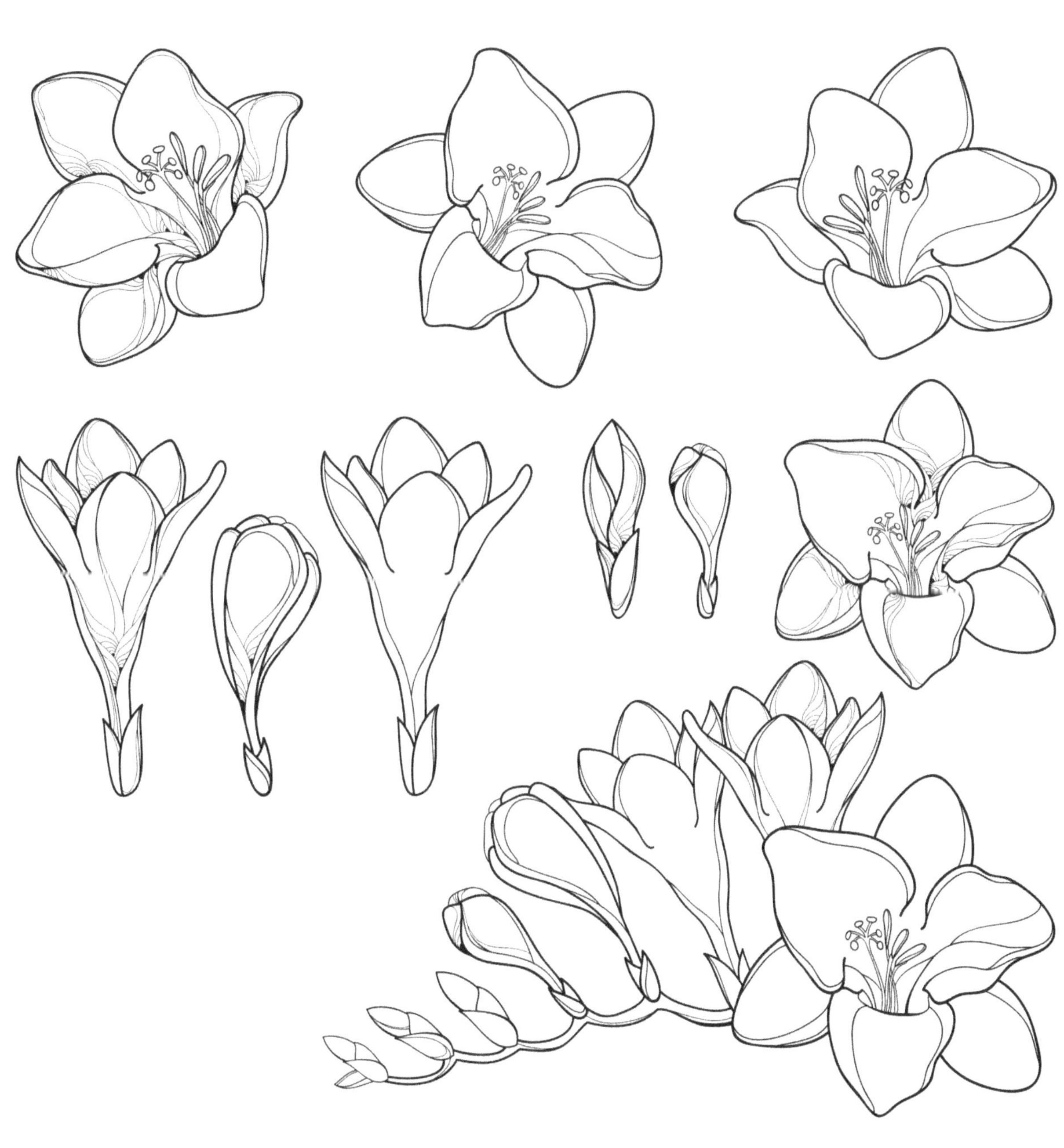

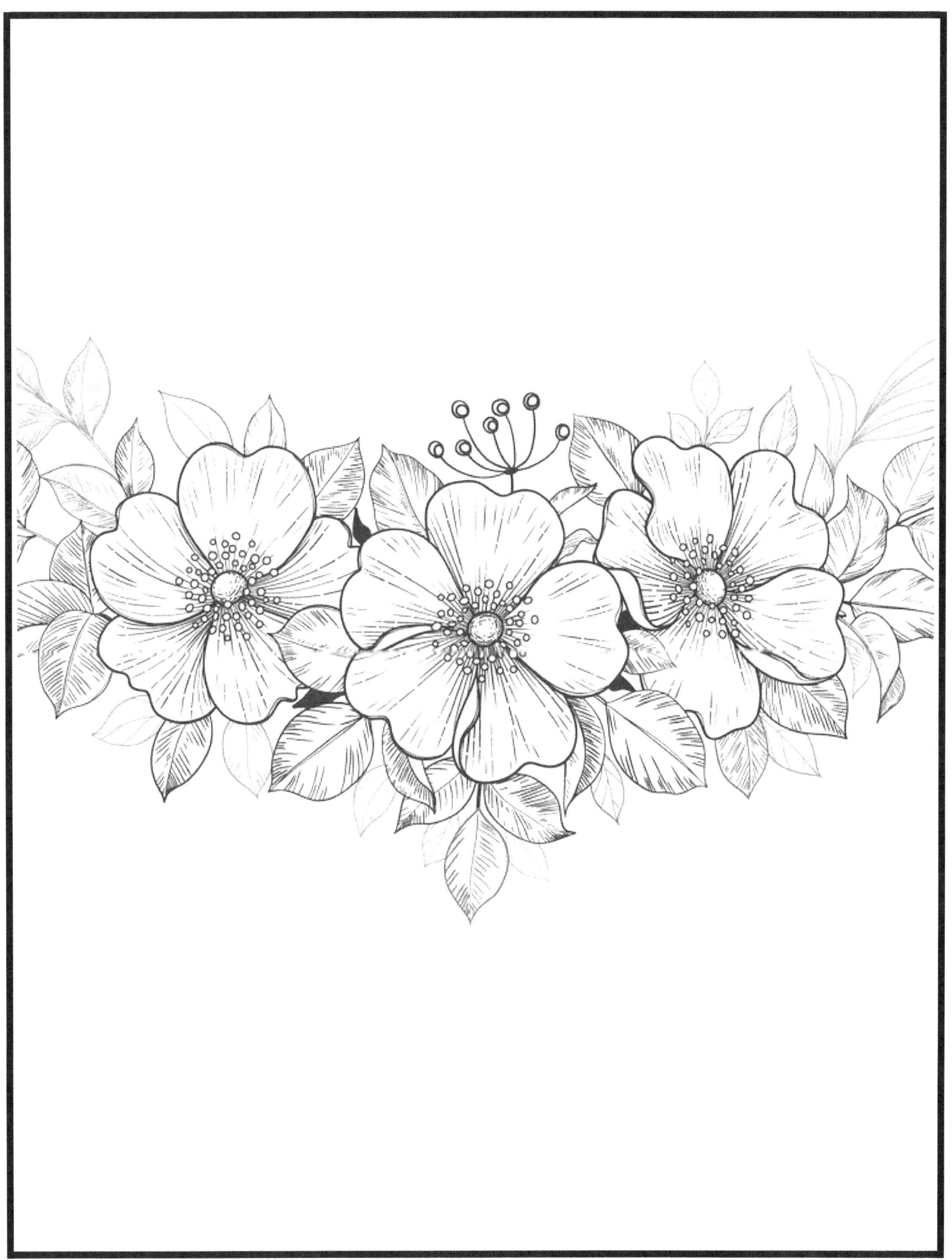

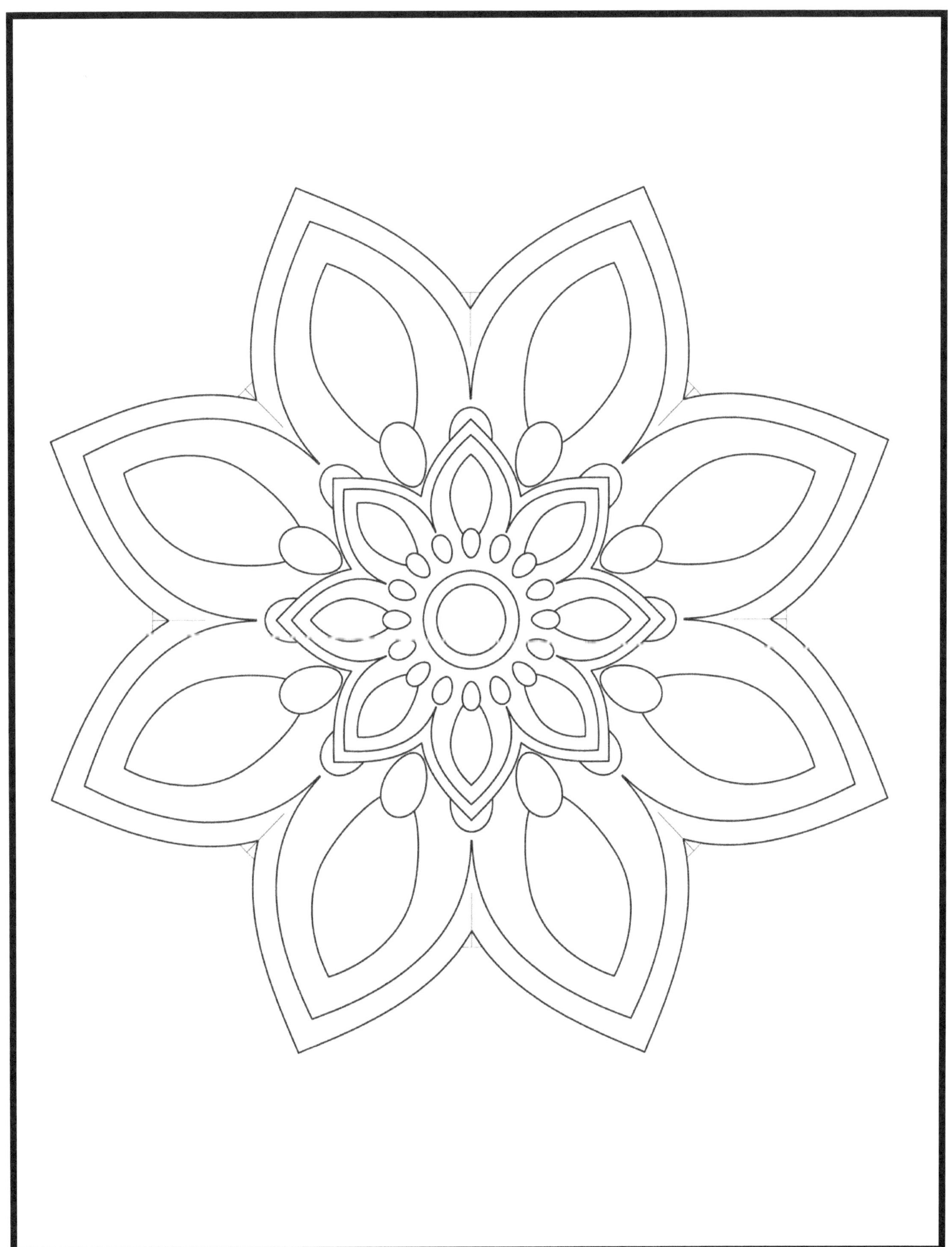

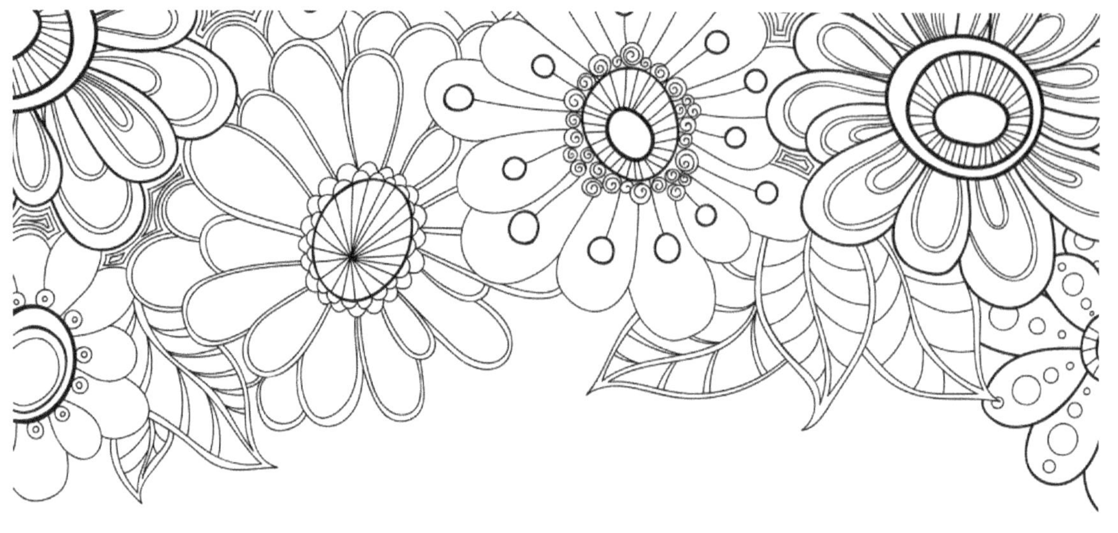

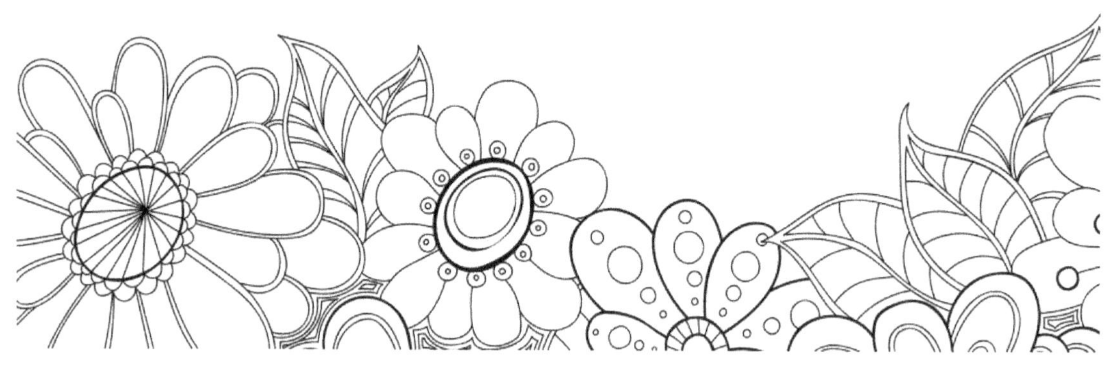

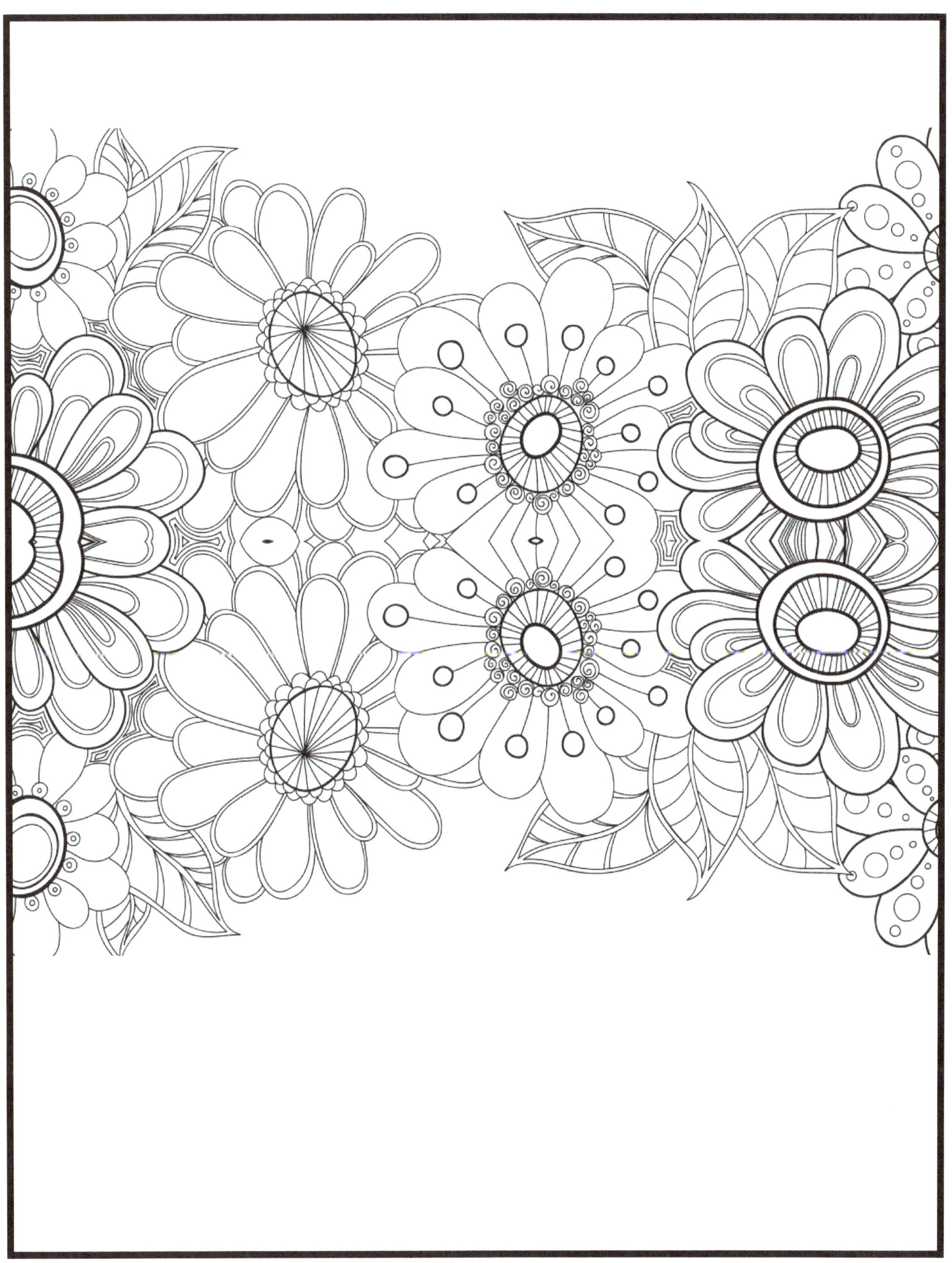

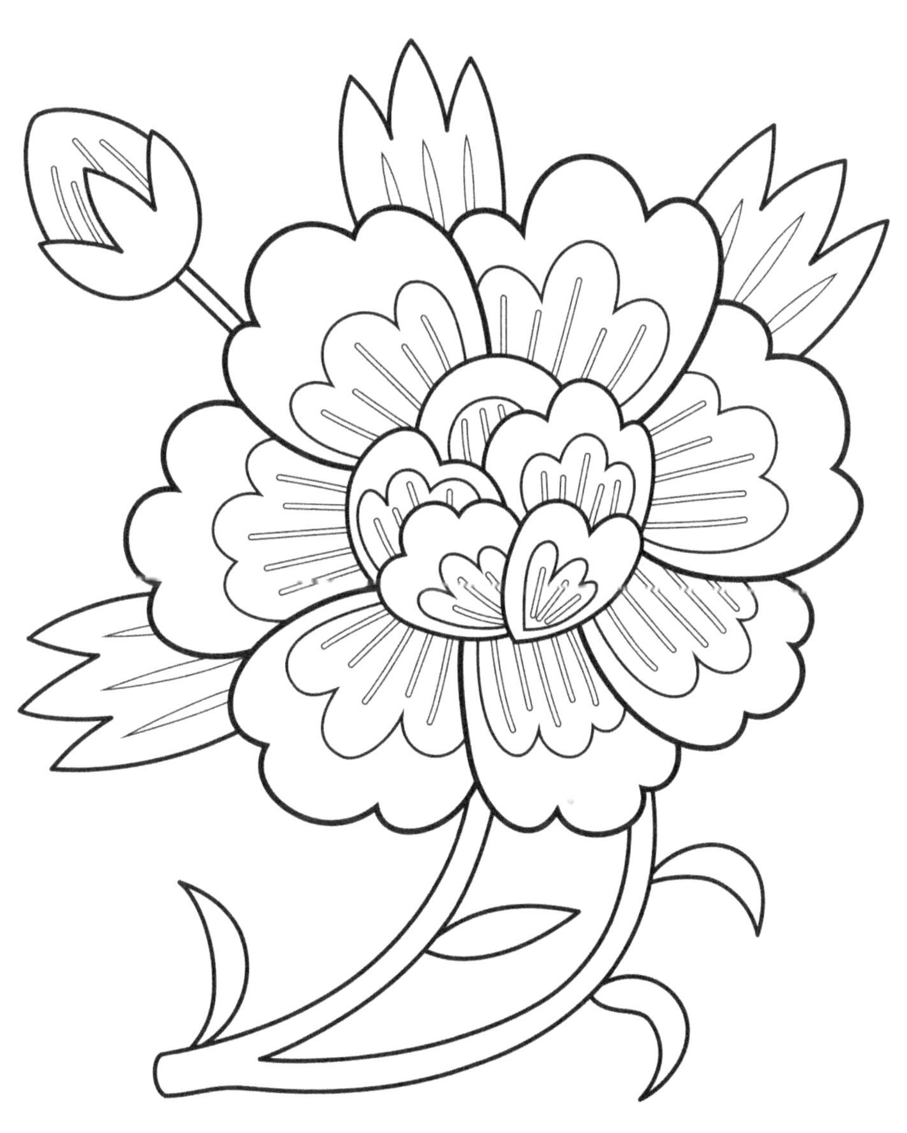

THANKS

Enjoy Your Coloring Time